Анастасия Веселко

Девушка с деньгами

Книга о финансах
и здравом смысле

альпина
ПАБЛИШЕР

МОСКВА, 2020

УДК 330.567.28
ББК 65.261.94
В38

Веселко А.

В38 Девушка с деньгами: Книга о финансах и здравом смысле / Анастасия Веселко. — М. : Альпина Паблишер, 2020. — 202 с.

ISBN 978-5-9614-2800-1

Современные девушки умеют зарабатывать. Но почему-то все равно выходит так, что на жизнь денег достаточно, а сбережений нет. Крупные покупки приходится делать в кредит. Про будущее вообще думать страшно. Дело усугубляют стереотипы: финансы — сложно, экономия — для бедных, считать деньги — мелочно, инвестиции — для богатых банкиров.

Анастасия Веселко, консультант по финансовой грамотности и автор блога «Девушка с Деньгами», написала понятное и интересное руководство по личным финансам. Она не только рассказывает, как организовать финансы: анализировать и оптимизировать расходы, составлять бюджет и инвестировать — но и дает реальные истории подписчиц, у которых получилось стать Девушками с Деньгами.

УДК 330.567.28
ББК 65.261.94

ISBN 978-5-9614-2800-1

СОДЕРЖАНИЕ

ПРЕДИСЛОВИЕ

«Вот уже более 15 лет я обучаю и консультирую клиентов по вопросам личных финансов и инвестиций. Мой опыт позволяет предлагать им беспроигрышные решения. Я уверена, что...»

Да, именно так я хотела бы начать, но, увы, подобным опытом и необходимой уверенностью не располагаю. Финансовым консультантом я стала два года назад — после того, как сама совершила, кажется, все типичные финансовые ошибки.

Тратила все, что есть

Лет до 28 мне и в голову не приходило откладывать деньги. Зачем? Я работала с 17 лет и доработалась до должности директора в крупном медиахолдинге с классным офисом в центре Москвы и классной зарплатой. Казалось, жизнь удалась. Но удивительное дело: как бы ни рос доход, лишних денег по-прежнему не оставалось. Все заработанное незаметно тратилось: шопинг, поездки, кафе-рестораны. К счастью, здравый смысл уберег меня от кредитных карт, и в целом я неплохо справлялась, но и особой пользы из своих денег не извлекала. О будущем не задумывалась, жила одним днем, как и большинство моих знакомых.

Ошибка: ждать лучшего момента, чтобы начать откладывать часть доходов.

Урок: самый подходящий момент — сегодня. Как бы ни рос доход, расходы тут же подтянутся. Не мечтайте, что с новой большой зарплаты откладывать будет легче.

Влезла в долларовую ипотеку

Это был полный провал. Я все сделала неправильно: не обдумала как следует решение, не накопила первоначального взноса, да еще и с валютой прогадала. В сентябре 2008-го я купила 30-метровую студию за 280 тысяч долларов. Пишу и сама не верю! Это было 6,5 миллиона рублей по курсу 23 рубля за доллар. Тогда это никого не смущало: цены на недвижимость росли буквально каждую неделю. Казалось, так будет всегда и надо поторапливаться, чтобы купить заветные квадратные метры.

Я, конечно, советовалась с профессионалами рынка, с друзьями, с родителями. Знакомый, занимающийся недвижимостью, подтвердил, что лучшее время для покупки квартиры — именно сейчас. Цены растут, глупо этим не воспользоваться.

Увы, почти сразу после сделки начался кризис. Точнее, так: он уже назревал, просто я об этом не знала, так как не интересовалась ни мировыми рынками, ни прогнозами. Про ипотечный коллапс в США я тоже не слышала, хотя наверняка все деловые издания об этом трубили. Но я-то читала *Cosmo*, а не «Ведомости».

В общем, уже в октябре курс доллара вырос до 27, а к марту 2009-го — до 36 рублей. Ежемесячный платеж увеличился на треть. А еще надо было отдавать заем, взятый на ремонт. Внезапно я оказалась в новой реальности, где денег очень не хватало. Беспечный шопинг остался позади, настало время считать, экономить и выкручиваться. Так прошло два года.

А потом мне повезло. Я переехала к будущему мужу, квартиру сдала, и аренда стала покрывать часть платежа. Как думаете, начала ли я выплачивать ипотеку быстрее? Постаралась ли рефинансировать кредит в рубли? Увы, нет!

Мне будто не хотелось признать, что я совершила ошибку и ее надо исправлять. Время от времени я вносила часть денег досрочно, но чаще снова тратила. Подсознательно я словно отказывалась замечать этот огромный долг: хотелось жить как раньше.

Так все и тянулось, пока в 2014-м доллар вновь не начал расти угрожающими темпами. Тогда уж я спохватилась, заняла у родителей рубли и закрыла последние 20 тысяч кредита.

Ошибка: беспечное отношение к кредиту, к финансам, перекладывание ответственности, нежелание честно признать факты.

Урок: иммунитет к кредитам, нежная любовь к доллару и четкое понимание, что думать надо своей головой — и несколько раз.

Начала инвестировать, не разобравшись

Расплатившись с ипотекой, я начала наконец откладывать деньги. Накопила определенную сумму и решила стать инвестором. Не сильно разобравшись в продуктах (все непонятно, да и лень), передала деньги в доверительное управление брокеру — это когда вашими вложениями управляют за комиссию. Мне обещали 15% годовых в долларах, потому что «последние три года именно так и было». Но вот незадача — если до тех пор рынок США рос как на дрожжах, то тут начал падать. За год я потеряла около 7% и еще заплатила 3% комиссии.

Ошибка: вкладывать, не разобравшись в условиях и перспективах.

Урок: брокеру нет дела до вашей выгоды, он свою комиссию заработает в любом случае. И прежде, чем принимать решение, надо собрать больше информации о продукте.

Пыталась заработать на росте курса доллара

Ипотечную квартиру я продала, чтобы купить новую в строящемся доме. Застройщик давал несколько месяцев рассрочки, и я решила придержать пару миллионов, чтобы заработать на колебаниях курса (я слышала, что так делают). Купила доллары по 65 рублей и радостно ожидала барышей. Дело было осенью, а к Новому году курс всегда (ну, почти всегда) растет. Но не тут-то было! Вопреки всем прогнозам и традициям, американская валюта стала стремительно дешеветь и к моменту внесения платежа за квартиру стоила всего 57 рублей. Я потеряла несколько сотен тысяч — и очень много нервов.

Ошибка: пытаться перехитрить рынок и быстро заработать на спекуляциях.

Урок: не все прогнозы сбываются, никто не может предсказать движение рынка.

Наконец все это мне надоело. Надоело слушать других и терять деньги, тыкаться вслепую и не понимать, что происходит. Надоело читать прогнозы аналитиков и с изумлением наблюдать, как они сбываются «с точностью до наоборот». Пора включать голову и самой принимать решения! Тогда я пошла учиться. Практики у меня уже было достаточно, а вот грамотной теории не хватало.

Я прошла онлайн-программы ВШЭ по экономике и финансам, курсы американских университетов по семейному бюджету, изучила десятки обучающих роликов, статей и книг. И выяснила, во-первых, что я не одинока. Сотни людей совершают те же самые ошибки. Во-вторых, существуют законы рынка, которые можно использовать с выгодой. Например, кризисы — обычное явление, они происходят постоянно, к ним можно быть готовой. В-третьих, обнаружились простые и понятные правила обращения с деньгами. Представьте, необязательно скрупулезно подсчитывать расходы, планируя бюджет, или проводить сутки у компьютера, отслеживая котировки акций. Финансовое планирование и инвестиции с человеческим лицом существуют!

Я испытала невероятное облегчение.

Главное — я стала спокойнее относиться к деньгам. Сейчас моя стратегия выглядит просто и вполне меня устраивает. Веду расходы «крупными мазками» и не ищу развлечений в шопинге. Знаю свой месячный бюджет и, как правило, в него укладываюсь. Часть доходов в рублях и в валюте размещаю на банковских вкладах, часть инвестирую на пенсию и на образование дочери. Все это занимает у меня от силы несколько часов в месяц. Я больше не пытаюсь переиграть рынок, а действую по своему нехитрому плану. За мной подтянулись муж, родители и подруги.

Еще лет пять назад разговор о деньгах вогнал бы меня в уныние, а сейчас это стало повседневной темой. В пятницу вечером за коктейлем с подругой можем обсудить вложения в американские фонды, с мамой на семейном обеде — дивиденды Сбербанка и приложения для инвестиций, а с сестрой — животрепещущую тему «деньги и дети». Деньги стали обычной будничной частью жизни, чем они, по сути, и являются.

Два года назад я прошла повышение квалификации при Министерстве финансов и стала консультантом по финансовой грамотности. Тогда же я завела блог «Девушка с Деньгами» — чтобы помогать другим вести бюджет, откладывать деньги и покупать валюту, начать инвестировать и не сломать при этом голову.

За это время сотни девушек наладили свои отношения с деньгами: открыли депозит, накопили на отпуск мечты и купили первые акции вместо очередного платья.

Когда я получила предложение написать книгу по мотивам моего блога, то была польщена (а кто бы не был), но и немного растеряна. Что нового я могу сказать после Кийосаки, Шефера и Баффетта? У меня нет ни уникальной системы бюджета, ни секретной стратегии инвестирования. Собственные успехи скорее выражаются в чувстве уверенности и осознанности, чем в конкретных процентах на счете. Да и в блоге я рассказываю достаточно известные вещи — ну кого я могу удивить?

А потом я вспомнила, что удивлять и не надо — новые секреты и стратегии не нужны, старые все еще прекрасно работают, только не все их применяют. А вот воодушевить девушек, помочь сделать первый шаг не помешает. Мой собственный опыт и опыт подписчиц блога могут оказаться для кого-то полезными.

Так что это книга не только о том, *как*, но и о том, что *давно пора*. Не бояться, не отсиживаться, не прятать голову в песок, а брать финансы в свои руки.

Присоединяйтесь и вы — пусть будет больше Девушек с Деньгами!

Мне бы хотелось вдохновить вас и заинтересовать, убедить сделать первые шаги в мире финансов, придать уверенности, чтобы дальше вы смогли (и захотели) шагать самостоятельно. Не все сразу пойдет гладко — и это нормально. Будьте готовы ошибаться. Вспомните свой первый макияж — он ведь тоже был несовершенен. Дело в практике — постепенно все наладится.

В общем, если эта книга поможет вам решиться и *начать* — она написана не зря.

Мы старались сделать книгу максимально простой — в ней всего 3 графика и 22 таблицы (неплохо для 200 страниц о финансах). Надеюсь, это вас не отпугнет.

Ссылки на полезные ресурсы помечены QR-кодом, по ним вы можете перейти со своего мобильного устройства.

А еще все ссылки собраны на сайте книги: devushkasdengami.ru/book. Заходите!

В книге много комментариев и цитат подписчиц блога, все истории реальны.

Напутствие самой себе

В блоге я недавно провела опрос: «Что бы вы посоветовали самой себе 10 лет назад?» Ответили около 200 человек, и вот такой рейтинг мудростей получился.

Безусловный лидер — совет «Начни наконец откладывать деньги!»

Варианты предлагали разные — «с первой же зарплаты», «с любого дохода», «все незапланированные поступления», «10% от доходов», «хоть 1000 рублей» и т.д. То есть, оглядываясь назад, все понимают — откладывать-то было вполне возможно! И эти деньги сейчас бы не помешали.

Еще вариант — «Покупай доллары (евро)!»

То же самое пожелание: откладывать деньги, но уже в валюте. Что неудивительно, так как за прошедшие 10 лет рубль не раз терял в цене. Как вы думаете, в следующее десятилетие что-то изменится? Может, у нас развивается экономика, создаются рабочие места, снижаются налоги и рубль становится стабильной валютой?.. Не заметили такого? Я тоже, увы.

Второе место — «Учись!»

«Не прекращай учиться», «поезжай на учебу за границу», «выбери профессию сама», «учи английский», «учи языки», «постоянно учись новому» и т.д. Постоянное обучение — это уже не просто пожелание, а необходимость. Инвестировать в себя, чтобы стать классным специалистом, востребованным профессионалом, не бояться кризисов и перемен. А уж получение навыков в сфере финансов окупится очень быстро.

И сразу за ним совет «Не бойся перемен!»

«Не бойся менять профессию», «съезжать от родителей», «уходить из отношений», «переезжать в другую страну». Верь в себя, слушай себя, доверяй себе! А на перемены гораздо проще решиться, когда у вас есть финансовая «подушка».

На четвертом месте — «Меньше шопинга!»

Одна девушка предложила: «Копи деньги, а не туфли, после родов размер ноги меняется». А еще писали: «Не покупай шубы», «тебе не нужно так много», «купи доллары вместо платья» — и все в таком духе. Никто не жалел, что слишком мало покупал.

Пятое место — совет «Не бери кредиты»

«Не бери в долг», «обходи стороной кредитки», «не будь должна». Задним числом все понимают, что без большинства кредитов вполне можно было обойтись и что кредит — это не только переплата процентами, а еще стресс и несвобода.

И, наконец, «Думай о здоровье»

Аудитория моего блога достаточно молода, поэтому, наверное, эта рекомендация не входит в число лидеров. Вот провести бы такой опрос лет через 10 и проверить динамику. Но мы будем мудрее и возьмем его на вооружение прямо сейчас. Думать о здоровье — выгодно!

Самое классное в этих пожеланиях то, что их можно начать применять уже сегодня!

КАК УСТРОЕНА ЭТА КНИГА

Книга состоит из трех частей.

В первой части мы немного разомнемся — как перед забегом. Запасемся мотивацией, чтобы потом рвануть на всех парах. Поговорим об отношениях с деньгами и о привычках, честно оценим свою ситуацию. Эта часть небольшая, но самая важная, без нее вас вряд ли заинтересует все остальное.

Во второй части мы рассмотрим, как вести бюджет, планировать расходы и как делать это с комфортом. Обсудим, зачем откладывать 10% доходов, где найти деньги на отпуск, на образование и на пенсию. Заодно разберемся с кредитами, чтобы использовать их себе на пользу. В общем, возьмем бюджет в свои руки.

И в третьей части перейдем к инвестициям. Все не так страшно, как вы думаете. В США 52% населения инвестируют. Аналитики даже выделяют отдельную группу инвесторов — «американские домохозяйки». Женщины, которые занимаются домом и детьми, не являются профессионалами биржевой торговли, но тем не менее инвестируют собственные средства. Мы тоже сможем. И справимся!

А еще в книге много полезных советов, чек-листов и лайфхаков. Пользуйтесь на здоровье!

Издательство «Альпина Паблишер» специально сделало эту книгу красивой и приятной на ощупь. Как педиатры рекомендуют нарезать полезную еду кубиками и надевать на зубочистки, чтобы ребенок охотнее ел, так и девушку можно заинтересовать книгой о финансах, если сделать ее эстетически привлекательной.

ЗАЧЕМ ВАМ ЧИТАТЬ ЭТУ КНИГУ?

Посчитайте, сколько денег вы заработали за последние 10 лет? Примерно. Если вы воскликнули «Вот черт! Где все эти тысячи?» — значит эта книга для вас.

Миллионы рублей проходят через наши руки и наши кошельки, но используем ли мы их эффективно? Получаем ли максимум возможного или живем по принципу «Идет как идет, а там разберемся»? И куда это вас привело?..

Пора менять свое отношение к деньгам, и я очень хочу вам в этом помочь.

- Если вы не раз занимали у подруг до зарплаты…
- Если вы способны спустить все сбережения на шопинг…
- Если вас беспокоят старость и пенсия, но вы не понимаете, что делать..
- Если вы давно хотите инвестировать, но не знаете, с чего начать…
- Если сомневаетесь, что вообще сможете осилить такую непростую вещь, как финансы…

…то эта книга — специально для вас!

БЛАГОДАРНОСТИ

Этой книги не получилось бы без участия замечательных людей. Хочу их поблагодарить.

Ирину Гусинскую, за предложение написать книгу и за ободряющие комментарии к черновикам.

Варю Веденееву, за то что Ирине обо мне рассказала.

Команду издательства «Альпина Паблишер» за то, что книга получилась такая классная и красивая.

Моего мужа за то, что не сомневался, что все получится (в отличие от меня), и следил за графиком сдачи текста.

Друзей и близких за то, что не рассмеялись, узнав, что я пишу книгу о финансах.

И самое главное — благодарю моих подписчиц за вопросы и комментарии, за идеи и за юмор, за искренние истории и за успехи, которые невероятно вдохновляют!

ЧАСТЬ 1

в которой мы говорим об отношении к деньгам, развенчиваем вредные установки и заряжаемся мотивацией

Начнем с небольшого теста.

Он с терапевтическим эффектом — внутренняя работа начинается уже во время ответов на вопросы. Если вы почувствуете раздражение, возмущение или досаду, значит, процесс пошел и вы готовы что-то менять.

Ответьте на вопросы. За каждый положительный ответ начисляйте 1 балл

1. Я знаю, сколько у меня денег, сколько долгов и сколько стоит мое имущество.
2. Я знаю суммы своих расходов по основным статьям.
3. Я знаю, сколько денег мне надо ежемесячно, чтобы жить комфортно.
4. Каждый месяц я составляю бюджет доходов/расходов и стараюсь его придерживаться.
5. Я откладываю часть своих доходов.
6. У меня есть конкретная финансовая цель с суммой и сроками.
7. У меня есть план Б на случай увольнения, болезни или развода.
8. У меня есть свое жилье.
9. У меня нет долгов по кредитной карте.
10. Одалживая деньги друзьям и близким, я не стесняюсь уточнить дату возврата.

11. Я могу удержаться от покупки ненужной вещи.

12. Я знаю, что такое «волатильность», «торговая война» и «бюджетное правило».

13. Если я чего-то не понимаю, то, не смущаясь, задаю уточняющие вопросы.

14. Я регулярно прохожу курсы/семинары по управлению личными финансами.

15. Финансовое благополучие — один из моих приоритетов.

А теперь подсчитаем результат:

12 баллов и более. Отлично, да вы уже Девушка с Деньгами! Подарите эту книгу подруге, и у вас появятся новые темы для разговоров.

7–11 баллов. Могло бы быть и лучше. Вы на верном пути, но пока делаете недостаточно.

Меньше 6 баллов. Дальше так жить нельзя. Благодарите судьбу за эту книгу! Пообещайте мне прямо сейчас, что возьмете на вооружение все описанное в следующих главах!

ДЕНЬГИ В РОССИИ

Если результат теста у вас не слишком высок, вы не одиноки. В России вообще низкая финансовая грамотность. Мы беспечно и легкомысленно относимся к деньгам. Хрестоматийный русский «авось» — вот наша базовая финансовая стратегия. И она воплощается в грустной статистике:

- **2/3 россиян не имеют сбережений.**

Вообще никаких сбережений. Живут впритык, от зарплаты до зарплаты. Любая внезапная неприятность (а неприятности всегда внезапны): сокращение, перелом руки, поломка холодильника — пробьет серьезную брешь в бюджете, и придется обращаться за кредитом.

- **44% россиян имеют хотя бы один кредит или заем (ФОМ), а средний размер кредита наличными в 2018 году составил 264 тысячи рублей (данные ОКБ — Объединенного кредитного бюро).**

Все это на фоне средней зарплаты 43 тысячи рублей — и ситуация ухудшается. За 2018 год объем кредитов вырос на 22%, а сбережений — всего на 9,4%. Вы видите позитивную динамику? Я тоже не вижу.

- **30% не понимают, что высокая доходность означает высокий риск (ФОМ).**

Чем выше потенциальная доходность, тем выше риск. Это закон. Но нам он не нравится — мы хотим всё и сейчас. Поэтому россияне вкладывают деньги в пирамиды, где обещают 600% годовых. Или отдают сбережения в управление «инвестиционным группам», которые гарантируют 20% за два дня. Девушки, такая доходность бывает в казино. Вы бы поставили все деньги на рулетку?

- **40% «инвестируют» в дорогостоящие покупки (ФОМ).**

Этой темы мы еще коснемся подробнее, а пока просто запомните: дорогой автомобиль — это не инвестиция. Золотые серьги — не инвестиция. Шуба — представьте себе! — тоже не инвестиция. Такие покупки не принесут вам прибыли, а еще они изнашиваются, ломаются и выходят из моды. Отбросим иллюзии — это просто расходы.

- **62% считают, что их благополучие — это ответственность государства («Левада-центр»).**

Надеюсь, вы не разделяете такого крайне наивного заблуждения. Иначе бы вы не купили эту книгу. «Все в наших руках, — говорила великая Коко Шанель, — поэтому их нельзя опускать». И эта фраза как нельзя лучше подходит для финансовой стороны жизни.

Если всё перечисленное не убедило вас взяться за ум, я уж и не знаю, что еще добавить. Хотя нет — знаю!

- **50% браков заканчиваются разводом, и 70% отцов не платят алименты на детей (по данным Росстата).**

Эта информация специально для тех, кто рассчитывает решить все финансовые проблемы удачным замужеством.

Вот теперь и правда всё.

ЗАЧЕМ?

Деньги — это ресурс. Вы получаете их, обменивая на свое время, способности и навыки. И было бы неплохо применять их с пользой для себя, так, чтобы они служили вашим интересам и достижению ваших целей.

Обидно, если, как американские индейцы, вы обменяете золото на стеклянные бусы, то есть свое время и силы — на шкаф, забитый ненужными вещами, на продукты, выброшенные в мусорное ведро, на косметику, которая скоро за ненадобностью «переедет» в косметичку к маме или сестре.

Деньги должны работать на достижение ваших целей!

Как это бывает: вы увидели в Instagram фотографию знакомой в новом греческом отеле, или в миланском магазине, или на курсах ораторского мастерства. Идете «просто посмотреть и почитать отзывы», а через полчаса обнаруживаете себя с купленным абонементом, бронью или собранной сумкой.

А ведь вы давно хотели поехать наконец на спа-курорт, выучить испанский, пройти чек-ап и отвезти маму на море. Но, увы, на эти желания денег снова не осталось. Я уж не говорю про масштабные будущие задачи вроде «домика у моря» или «образования детям». Расходы бесконечны, а доходы ограниченны — кажется, очевидная истина, но мы как будто не хотим с ней соглашаться.

Если пустить бюджет на самотек и не принимать осознанных решений насчет того, как потратить деньги, за вас с этим успешно справятся реклама, друзья, менеджер банка, коллеги или родители.

Сестра зовет в магазин за новым платьем к вечеринке. Родители твердят, что пора бы купить квартиру. «Ведь ты этого достойна!» — добивает рекламный плакат.

Как соблюсти баланс? Как научиться лавировать между сиюминутными желаниями и долгосрочными планами?.. Решение есть, и вы его знаете: планирование бюджета и осознанное потребление. Да-да, я знаю, у вас сразу зубы свело от скуки. Как сводит их и от другой бесспорной истины: «Чтобы похудеть, надо меньше есть». Что ж поделать, если только это и работает — как с похудением, так и с деньгами. Когда вы возьмете финансовый руль в свои руки, вам станет гораздо комфортнее и спокойнее жить сейчас и смотреть в будущее.

Вы представляете свои возможности и знаете цели: отпуск в Италии этим летом, образование ребенку через 10 лет, загородный дом — к 60. Приятно осознавать, что на непредвиденный случай деньги есть, и на отпуск отложено, и на юбилей мамы останется. А заодно вы уверены, что вам завтрашней не придется отдавать долги, которые вы могли бы наделать сегодня. Наоборот, вы будете получать проценты от инвестиций и жить в свое удовольствие.

Представьте, как снижается ежедневный стресс от беспокойства о будущем. Мало нам экологии, рабочих авралов и родительских собраний? Давайте хотя бы в деньгах наведем порядок. К тому же стресс — причина старения. Считайте, что таким образом вы вкладываете время и силы в собственную красоту и молодость.

Да, для этого придется поработать. Разобраться, научиться, наделать ошибок в первое время, но оно того стоит. Постепенно вы начнете понимать, что к чему. Инвестиции перестанут быть абстрактной категорией, а воплотятся вполне реальными процентами по депозиту, возвратами кешбэка, полученными дивидендами. И финансовые новости для вас будут уже не китайской грамотой, а захватывающим действом. К вам начнут обращаться за советом подруги. На встрече вы будете обсуждать не общих знакомых, а инвестиционные стратегии. Финансы — это огромный, интересный слой жизни, зачем проходить мимо него? Наконец, разве вы не хотите показать здоровый пример детям?

Часто повесть о собственной финансовой беспомощности мы начинаем с нудной песни «родители не научили, не показали, не объяснили», или «в семье было не принято говорить о деньгах», или «для мамы финансы — это темный лес, она даже карточкой пользоваться не хочет». Пусть у ваших детей все будет по-другому. Вы же прививаете им любовь к овощам и к спорту, приучаете чистить зубы и говорить «пожалуйста». Точно так же привычка думать о деньгах пригодится им в будущем — сбережет нервы, время и средства. И вам, кстати, тоже.

ВРЕДНЫЕ УСТАНОВКИ

Прежде чем перейти к решительным действиям, подготовимся морально и избавимся от ментальных сорняков, чтобы семена верных финансовых решений попали на подготовленную почву.

Сорняки — это вредные установки, которые особенно крепко проросли в прекрасных женских головах. С деньгами и так связано много предрассудков, а с сочетанием «женщина и деньги» — особенно. Они удерживают нас от развития, от стремления к финансовой свободе, мешают поверить в собственные силы. И в результате умные, деловые, состоявшиеся женщины чувствуют себя беспомощными, когда дело касается личных финансов, сомневаются в себе, предпочитают прятать голову в песок или надеяться на чудо.

Самое удивительное, что в эту ловушку попадают даже те, кто связан с финансами профессионально. «Несмотря на то что у меня экономическое образование, я веду управленческий и финансовый учет компании, хорошо ориентируюсь в финансовых показателях, в личных финансах я полный ноль. Так как одно дело считать чужие деньги, а другое — приумножать свои. Это разные навыки», — поделилась одна из клиенток на консультации.

Похоже, главная проблема — в наших головах и ожиданиях. Мы заранее уверены, что финансы — «не женского ума дело». Поэтому я и написала книгу именно для женщин: сама знаю, как нам непросто. Рассмотрим подробнее самые популярные установки.

«Я далека от финансов»

Произносится со смущенной улыбкой. Подразумевается: «Понимаешь, бухгалтерия — это не для меня. Я легкая, спонтанная, я порхаю по жизни и не хочу копить на черный день».

Еще вариант: «Я чистый гуманитарий, цифры не моя сильная сторона». И в этом случае тоже подразумевается, что быть расчетливым сухарем — как-то не по-женски, что ли.

Девушки, это чистой воды самообман!

Невозможно отстраниться от денег. Это не ядерная физика, без которой большинство из нас прекрасно обходится. Каждый день мы совершаем сделки и принимаем финансовые решения. Так давайте делать это осознанно и с выгодой для себя.

«Женщинам плохо даются цифры»

Еще один штамп, не имеющий оснований. Кто отличницы в школе? Девочки! А уж знания математики школьного уровня вполне достаточно, чтобы ловко управляться с деньгами и принимать верные решения в финансовой сфере.

Когда я предлагаю девушкам сделать несложный расчет банковского вклада, они заранее извиняются, так как «с окончания школы ничего не считали». Серьезно?

А откуда же тогда вы знаете, что сумка в американском онлайн-магазине дешевле, чем у нас, даже со скидкой 30%? То есть к каким-то базовым математическим вычислениям способности есть. Уверяю вас, большего и не надо. Достаточно здравого смысла и онлайн-калькулятора.

«Богатая женщина отпугивает мужчин»

Кажется, здесь мы представляем пожилую богатую стерву. А представьте молодую, звонкую красавицу (Кайю Гербер, например). Она — отпугивает? Не думаю... Возможно, речь о том, что у девушки с деньгами вырастут и требования к мужчинам. Так и слава богу! Найдете себе достойного спутника. А заодно деньги помогут дольше оставаться молодой, красивой и здоровой.

«Квартиру пусть купит муж»

Так ответила мне одна девушка на предложение задуматься о покупке жилья. К сожалению, подобным образом рассуждает не только она.

Зачем напрягаться сейчас, если еще можно надеяться на чудо? Тем более когда и самой-то не очень верится, что это возможно: одно дело заработать на сумку, другое — замахнуться на недвижимость.

Но почему бы нет? Каждая из вас способна заработать себе на жилье. Возможно, на скромное, но все-таки ваше. Нужен лишь первый взнос, а дальше свое дело сделает ипотека. И с этим лучше не затягивать. В 30 ты снисходительно смотришь на ипотечников: «Бедняги, влезли же в рабство, ни путешествий, ни шопинга». А к 40 видишь, что ипотеку «бедняги» давно выплатили, карьеру построили, путешествуют и живут в своей квартире, а вы опять меняете «хозяина».

А насчет мужа — купит, и отлично! Всем желаю мужа с квартирой. Но и собственная вам не помешает.

Я купила студию в 28 лет. Через пару лет переехала к мужу, и мою квартиру стали сдавать — это помогало выплачивать ипотеку.

Богатой можно считать ту женщину, у которой есть собственный дом, любимое дело и уверенность в завтрашнем дне.

Лоис Франкел[1]

Потом продали ее и купили квартиру побольше. Мне это нравится. Думаю, я еще не одну сделку с недвижимостью проверну.

«Один раз живем»

Один раз, верно. Второго шанса отложить эту премию, обеспечить себе будущее — не будет. Эти же девушки часто говорят: «В жизни надо все попробовать!» — имея в виду приключения и авантюры. А вы попробуйте откладывать деньги. Попробуйте тратить меньше, чем зарабатываете. Попробуйте купить квартиру и помогать родителям.

«Ведь я этого достойна»

Слоган, появившийся в 1971 году, до сих пор уверенно шагает по планете — аплодисменты маркетологам компании L'Oréal Paris! «Слоган обращается к женщинам, фокусируя их внимание на самих себе, на своей внутренней и внешней красоте, заставляя чувствовать себя более сильными и уверенными в себе», — поясняют представители бренда.

Что ж, намерения самые благородные, вот только мы привыкли таким образом оправдывать вещи, которые нам не по карману: отпуск, на который еще не заработали, новый iPhone в кредит. «Ведь я этого достойна!» Чего достойна: платежей по кредиту? Съемной квартиры? Старости на шее у внуков?.. Нет, девушки, мы достойны счета в банке, пассивного дохода, обеспеченной старости и своей недвижимости.

«Дорогие сумки — это инвестиция»

Обратимся к словарю: *«Инвестиция — размещение капитала с целью получения прибыли»*.

Процентов, как банковский вклад, сумка не приносит. Значит, прибыль можно получить, только продав ее дороже, чем купили. Сумки действительно дорожают, и на этот трюк многие ведутся. Вот только продадите ли вы свою десятилетнюю старушку по цене новой? Очень сомневаюсь. Да еще придется торговаться, встречаться с покупателями, расхваливать товар. А акции, купленные десять лет назад, сегодня за три минуты конвертируются в деньги.

Но ради интереса я посчитала:

Сумка Chanel 2.55 среднего размера в 1955 году стоила 220 долларов, а в 2019-м — уже 5900 долларов. В среднем цена росла на 5,3% в год. Индекс S&P 500, отражающий стоимость акций крупнейших американских компаний, рос в среднем на 7,3%. То есть инвестиции в акции все-таки выгоднее.

«Не в деньгах счастье»

Богатство не связано с уровнем счастья, «богатые тоже плачут», да. Большие деньги для счастья не нужны, а вот небольшие и регулярные — обязательны.

Существует определенная сумма — если ваш доход ниже, счастливой быть сложно. Ее вычислили: это 80 тысяч долларов в год для американца и 70 тысяч рублей в месяц для россиянина. Необходимый минимум, чтобы забыть о выживании и начать жить. Подумайте, многие ли наши пенсионеры располагают таким доходом? А вы еще можете успеть организовать его себе.

«Планировать бесполезно, что там будет через 20 лет!..»

Многие считают, что планировать: а) финансы; б) в России — совершенно бессмысленно. Слишком уж нестабильная обстановка. И пережитые кризисы не добавляют уверенности. Однако:

- кто держал сбережения в долларах, тот благополучно преодолел и 1998-й, и 2014 год;
- кто понимал, как устроен рынок ценных бумаг, купил в 2008 году подешевевших акций и заработал 200% за год;
- кто откладывал деньги, тот успел купить квартиру на падении рынка в 2008-м или взять выгодную ипотеку в 2018 году;
- кто интересовался финансами, тот воспользовался банковским вкладом со ставкой 19% в 2015-м.

И так далее…

Наверняка вы вспомните пару знакомых, у которых, кажется, всегда есть деньги. И на отпуск, и на новый смартфон, и на образование детям. В советское время такие люди умудрялись купить машину и построить кооперативную квартиру; в наши дни они инвестируют в ценные бумаги, покупают недвижимость и запускают успешный бизнес. Эти люди не боятся планировать, готовы рискнуть и рассчитывают на себя, а не на государственную пенсию.

Давайте беспокоиться не о грядущих изменениях, а о том, что всегда будет востребовано. И через 20 лет все так же будут актуальны сбережения, доходные активы, способность оценивать риски и принимать верные финансовые решения.

«Надо не меньше тратить, а больше зарабатывать»

Популярный контраргумент в ответ на предложение аккуратнее относиться к расходам. Популярный — но одновременно и неверный.

Во-первых, «меньше тратить» и «больше зарабатывать» почему-то считаются понятиями несовместимыми. Да зарабатывайте, пожалуйста, кто же мешает? Я лично двумя руками за, у меня и план есть. Но только вот не всегда и не у всех получается это сделать.

Во-вторых, звучит как призыв тратить все, что есть. Буду больше зарабатывать, чтобы больше тратить, а оценивать расходы и оптимизировать бюджет — не буду.

В-третьих, потратить можно только то, что есть. То, что вы *уже* заработали, а не то, что вы *можете*, *планируете* или *надеетесь* заработать. Не будем делить шкуру неубитого медведя, а распорядимся тем, что уже есть. И распорядимся грамотно.

Не надейтесь, что «вот буду много денег зарабатывать, тогда и начну управлять». Большими суммами управлять еще труднее. Чтобы регулярно откладывать 5 тысяч, нужна такая же дисциплина, как и для того, чтобы откладывать 100 тысяч или управлять миллионным капиталом. С миллионами даже сложнее.

Специально для приверженцев этой установки дополню:

- Майкл Джексон платил по 30 миллионов в год по кредитам и после смерти оставил долгов на 400 миллионов долларов[2].
- Уитни Хьюстон незадолго до смерти была на грани банкротства, спустив свое 100-миллионное состояние[3].
- «Наше все» Пушкин после смерти остался должен 120 тысяч рублей. Это около миллиона долларов в современных деньгах. Царь выручил, заплатил его долги[4].

СДЕЛАТЬ ПРЯМО СЕЙЧАС

Про философию маленьких шагов все помнят? Сделаете один маленький шаг уже сегодня. И еще один — завтра. И еще один — послезавтра.

1. Отложите 1 тысячу рублей.
2. Зайдите в приложение банка и купите 100 долларов.
3. Прочитайте любую финансовую новость.
4. Обсудите с коллегой за обедом, ведет ли он бюджет.
5. Запишите сегодняшние расходы.
6. Зайдите на сайт Московской биржи в раздел «Мероприятия» и запишитесь на любой бесплатный семинар по финансам.
7. Сосчитайте недели до следующего отпуска и прикиньте, сколько надо откладывать в неделю, чтобы накопить нужную сумму в срок.
8. Запишите 5 вещей, которые вы хотели бы делать на пенсии (отдыхать в санатории, делать укладку в салоне, пить кофе в кафе и т.д.), и прикиньте необходимый для этого бюджет.
9. Посмотрите выступление на TED об ограничении потребления (Less stuff, more happiness).
10. Придумайте, как заработать 10 тысяч рублей до конца недели.
11. Посчитайте, сколько вы зарабатываете в час. А в год?
12. Запишите 30 вариантов фразы «Деньги — это...»

ЧАСТЬ 2

в которой мы честно оцениваем текущую ситуацию, оптимизируем расходы и практикуем великую мантру «у меня все есть»

Моя мама не любит взвешиваться. Она понимает, что увиденное ей не понравится, так лучше и не знать вовсе, чтобы не расстраиваться лишний раз. Многие ведут себя похожим образом с деньгами, пока ситуация не станет угрожающей.

М. пришла на консультацию, когда за долги пришлось продать квартиру, а на кредитке снова образовалась задолженность. «Кажется, хватит прятать голову в песок».

Часто девушки начинают учитывать расходы и понимают, что ничего хорошего не происходит. Результат им не нравится: вот-вот придется столкнуться с неприятной правдой «я трачу больше, чем могу себе позволить». И они забрасывают это дело.

А продуктивная работа начинается только в тот момент, когда вы честно увидели текущее положение и признали: «Пора что-то менять!»

Мне нравится аналогия с кораблем. Чтобы проложить верный маршрут к месту назначения, вам надо не только знать, *куда* вы хотите попасть, не только иметь верную *карту и компас*, вам надо знать, *где вы сейчас*. Погрязли в кредитах или скопили кругленькую сумму? Приструнили шопинг или разобрались с инвестициями?

Я наблюдаю четыре основные стадии финансовой эволюции человека. Давайте смотреть, на какой из них находитесь вы.

ФИНАНСОВАЯ ЭВОЛЮЦИЯ

Стадия беспомощности

Если денег постоянно не хватает, если у вас долги по кредитным картам, если вашим настроением рулит график платежей — вы на стадии беспомощности, увы.

Скорее всего, у вас нет никаких целей или задач — не до них пока. Или, наоборот, цели слишком оторваны от реальности. Вам бы найти 50 тысяч на долги по кредитке, а вы мечтаете о загородном доме, о новом автомобиле или о поездке на Сейшелы.

В конце концов, вы просто хотите хорошо жить. Сегодня, сейчас, а расплачиваться потом: «Я подумаю об этом завтра». Подобная беспечность очень быстро загонит вас в кредитную яму.

Именно на этой стадии люди берут микрозаймы, ввязываются в сомнительные авантюры в надежде быстро разбогатеть, чтобы разом решить все проблемы, а в итоге скатываются все ниже.

Пора признать: вы не умеете обращаться с деньгами, не умеете себя контролировать, не понимаете финансовых инструментов.

На этой стадии могут оказаться и обеспеченные, и даже богатые люди. Вспомним Майкла Джексона с его полумиллиардным долгом.

Риски этой стадии: банкротство и разорение. И это не шутки. Отсюда можно и нужно выбираться. Но потребуются дисциплина, усилия и самоограничение. Придется поработать.

Стадия ложного спокойствия

Вам на всё хватает. Живете настоящим, о больших целях и отдаленных перспективах пока не задумываетесь. Хорошо бы подумать о квартире... но пока не время. Надо бы озадачиться пенсией, но какие мои годы. На кафе, на одежду, на отпуск хватает — о чем еще волноваться?

Чем опасно такое ложное спокойствие? Во-первых, есть риск скатиться на ступень ниже, залезть в долги и кредиты при первых же непредвиденных расходах. Во-вторых, без внимания остаются долгосрочные задачи вроде собственной пенсии или образования детей. А ими придется заниматься рано или поздно. И наконец, здесь нет прогресса. Человек доволен тем, что у него есть (и это само по себе неплохо), но и к большему он не стремится.

Стадия «Деньги есть»

У вас есть свободные деньги. То есть ваши доходы больше расходов. Поздравляю!

Однако на этой стадии мы обнаружим два типа людей.

Первый — случайные пассажиры. Возможно, вы недавно получили повышение и еще не успели освоиться с новым бюджетом, пока не привыкли столько тратить и деньги остаются. К сожалению, это временно. Расходы быстро подрастут. Оглянуться не успеете, как опять будете жить впритык.

У меня именно так и было. Я перешла в новую компанию с повышением зарплаты в два раза. Первое время деньги и правда у меня оставались, но я их тратила на что попало: обновила машину, съездила на шопинг в Италию, стала чаще есть в кафе.

В общем, больше тратить. И через год, когда я надумала брать ипотеку, в кредит пришлось брать 90% суммы, так как накоплений не было. И следующие 8 лет я за это расплачивалась.

Так что мой вам совет — откладывайте часть денег от каждого повышения доходов.

Второй тип — те, кто осознанно организовал бюджет таким образом, чтобы оставались свободные деньги. И если вы уже скопили некий капитал, тогда вы на этой ступени находитесь вполне заслуженно.

Проблема в том, что у людей на этой стадии деньги не работают. Максимум — лежат на депозите и кое-как догоняют инфляцию. И в этом принципиальное отличие от следующей стадии — инвестора. Если вы боитесь рисковать, не уверены в банках, не доверяете брокерам, то теряете возможность заработать.

Риск этой стадии — слишком избегать рисков.

Стадия «Девушка с Деньгами»

Свободные деньги: а) есть; б) работают.

Ваши финансы не пылятся в шкатулке, они вложены и работают. Часть на рублевом вкладе, часть на валютном, что-то в облигациях, а что-то в фондах. Возможно, у вас еще есть недвижимость, которая приносит пассивный доход, а в подарок на день рождения вы бы хотели получить не новый парфюм, а акции Facebook. Вы понимаете, что инвестиции — это надолго, и готовы идти к своим целям постепенно, не пытаясь сорвать куш сегодня.

Ну как, узнали себя?

Бодо Шефер, немецкий миллионер, финансовый консультант и автор бестселлеров, рекомендует откладывать 50% с каждого повышения дохода.

Например, вы получали 50 тысяч и откладывали 10% в сбережения. Теперь, после повышения, ваш доход составляет 70 тысяч. И соблазн потратить прибавку очень велик.

А господин Шефер рекомендует вот что: прибавку делите пополам. 10 тысяч начинайте откладывать, а 10 тысяч — добавляйте к ежемесячному бюджету. Так вы убьете двух зайцев: и доход повысите, и сбережения пополните. Важно не упустить этот удачный момент[5].

Определите, на какой вы стадии

За каждый положительный ответ закрашивайте по клетке.

- У меня нет микрокредитов.
- У меня нет долгов по кредитной карте.
- Платежи по кредитам не превышают 30% моих доходов.
- Я веду учет расходов.
- Я знаю, сколько денег в месяц мне надо на жизнь.
- Я планирую крупные покупки заранее (отпуск, юбилей мамы, страховка, карта в фитнес-клуб).
- У меня есть дополнительные источники дохода.
- У меня есть сбережения.
- У меня есть сбережения в валюте.
- Мои доходы больше расходов.
- Я знаю, на что буду жить в старости.
- Я уже открыла брокерский счет и хочу инвестировать.
- Я уже инвестирую.

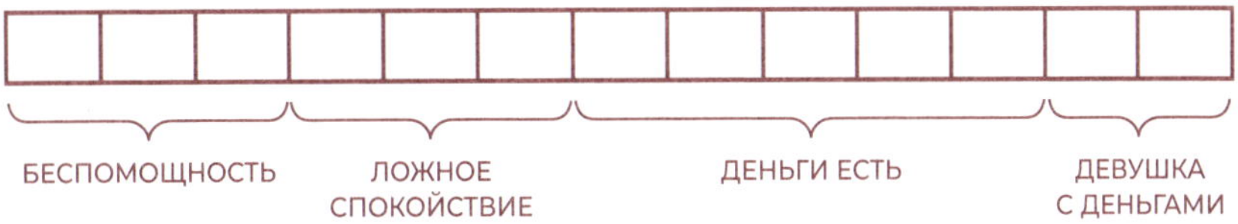

Наша цель — прийти на четвертую стадию. Стать девушкой финансово образованной и финансово сознательной. Стать Девушкой с Деньгами.

СКОЛЬКО ВЫ СТОИТЕ?

В бухгалтерии есть такое понятие — «чистая стоимость». С его помощью можно узнать, сколько вы стоите. Вообще, есть ли у вас что-то ценное?

Так банк оценивает заемщика, когда рассматривает заявку на кредит. Он проверяет, что с человека можно взять, если он перестанет платить по кредиту. И наличие крупной собственности повышает уровень доверия.

И в обычной жизни мы так оцениваем людей или семьи. Молодой человек с машиной и квартирой — завидный жених. Дом в Испании у родителей — перспективная семья. Мы интуитивно понимаем, что собственность повышает устойчивость человека.

Помню, как подавала в банк заявку на ипотечный кредит. Я принесла документы, подтверждающие собственность на:

- ¼ родительской квартиры в Подмосковье;
- участок 10 соток там же (до сих пор, кстати, не могу его продать);
- видавший виды автомобиль.

Спрашиваю менеджера: «Ну как вы думаете, одобрят?» Помню ее ответ: «Конечно, одобрят, у вас столько активов!»

Активов?! Ого, я под таким углом никогда не думала. У меня, оказывается, есть активы. Плечи распрямились. С тех пор нежно люблю это слово.

Давайте посчитаем, сколько вы стоите

А какие активы есть у вас? Считаем только крупную собственность. Я понимаю, хочется приплюсовать и ноутбук, и iPhone, и золотой браслетик. Но, девочки, давайте не мелочиться. Учитываем землю, машины, недвижимость и деньги — только то, что по документам принадлежит вам. Если бабушка завещала вам свою квартиру, но пока жива-здорова, тьфу-тьфу-тьфу, то и квартира еще принадлежит ей, к вам эта недвижимость не имеет отношения.

Вторая часть расчета — обязательства. Таким красивым словом финансисты называют долги. И я могла сразу написать «долги», но хочу, чтобы вы новый термин освоили. Блеснете как-нибудь. Складываем все наши задолженности: остаток по кредиту, долги подруге или родителям, долг по кредитке и т. д.

Теперь вычитаем одно из другого — и получаем вашу чистую стоимость.

Чистая стоимость = активы — обязательства

Активы:

- Квартира в Филях (рыночная стоимость на данный момент) — 5,2 млн
- 500 долларов в тумбочке
- 80 тысяч на депозите
- 150 тысяч на счетах в банке

ИТОГО: 5 460 000 рублей

Обязательства:

- Остаток долга по ипотеке (с процентами) — 3 млн
- Долг по кредитке — 45 тысяч
- Задолженность по квартплате — 15 тысяч

ИТОГО: 3 060 000 рублей

Чистая стоимость: 5 460 000 – 3 060 000 = 2 400 000 рублей

Хорошо бы получить положительное значение. Это значит, что вы финансово устойчивы, у вас все хорошо. Отрицательное значение говорит о том, что вы переборщили с долгами, они превышают ваши возможности.

Бывает и так, что у человека нет ни собственности, ни долгов. В этом случае ваша чистая стоимость — «ноль».

Чистую стоимость можно рассчитать для себя лично или для всей семьи и следить за этим показателем год за годом. Смотреть, как тает ипотека и как прирастают активы.

Табличку для расчета можно скачать здесь
devushkasdengami.ru/book/networth.

СКОЛЬКО ВЫ ТРАТИТЕ?

Теперь проверим, насколько вы рентабельны. Так говорит Наталья Смирнова, финансовый советник и инвестор[6]. Звучит цинично, но на самом деле если вы себя не обеспечиваете, то это повод задуматься.

Посчитайте, сколько вы тратите, сколько денег вам нужно на нормальную комфортную жизнь.

И тут есть подвох. Мы склонны учитывать только самые необходимые, краткосрочные расходы, те, которые повторяются из месяца в месяц: продукты, транспорт, маникюр, детский сад, квартплата и т. д. И при этом часто забываем про среднесрочные расходы, которые возникают раз в году: летний отпуск, новогодние подарки, фитнес-карта, налоги и страховки, медицинское обследование и пр. И уж совсем мало кто помнит о долгосрочных планах — об образовании, пенсии, о покупке жилья или авто.

Если мы не учитываем эти расходы, то занижаем планку требований. Вот результаты недавнего исследования «Ромир»: россияне считают, что для нормальной жизни семье из трех человек достаточно 78 тысяч в месяц[7]. И что-то мне кажется, они учитывали только самое необходимое, ежемесячные траты, но забыли посчитать отпуск, лечение и покупку квартиры.

Чтобы не забыть о важном, посмотрим на бюджет в перспективе. И разберемся, сколько денег нам нужно на самом деле.

Заполните матрицу бюджета.

Подумайте, какие статьи расходов есть у вас. Внесите суммы в соответствующие ячейки. И посчитайте, какой бюджет вам нужен в месяц.

Тип расходов	**Обязательные**	**Необязательные**
Краткосрочные / Повторяются ежемесячно	ЖКХ, транспорт, связь, продукты, кредиты	Косметика, одежда, няня, развлечения, подарки
Среднесрочные / Повторяются раз в несколько месяцев, раз в год	ОСАГО, КАСКО, налоги, здоровье	Отпуск, юбилей
Долгосрочные / Ожидаем через несколько лет	Жилье, «подушка безопасности», пенсия	Образование детей, новая машина, инвестиции

Какие-то категории фиксированные, и вы их легко заполните: «ЖКХ», «кредиты», «фитнес» или «КАСКО». Расходы, которые бывают реже, чем раз в месяц, разбейте на количество месяцев. Например, карта в фитнес-клуб стоит 36 тысяч рублей, значит, на нее резервируем по три тысячи в месяц.

Другие пункты вызовут сложности. Сколько мы тратим на продукты? А на рестораны? Кажется, я слишком много трачу на одежду, но так ли это? И детские игрушки — это просто черная дыра!

Чтобы оценить масштаб и увидеть, сколько денег вы тратите на самом деле, нужно уметь вести учет расходов.

УЧЕТ РАСХОДОВ

Для того, чтобы похудеть или наладить правильное питание, часто первым шагом диетологи рекомендуют вести дневник — записывать в отельный блокнот, что вы съели, когда и почему. Это необходимо, чтобы понять свои привычки и обнаружить слабые места.

С тайм-менеджментом то же самое. Первый шаг — начать записывать, как вы тратите время — эффективно или нет. Соответствует ли это вашим целям или нет?

Точно так же дело обстоит с деньгами. Начните фиксировать расходы, чтобы понять, как и на что вы тратите. Даже если вы уверены, что у вас все в порядке, учет расходов обязательно преподнесет вам несколько сюрпризов. Вот, например, несколько отзывов участниц курса.

«Еще увидела, что очень много ездила на такси — за год на 30 тысяч. Это вообще меня убило!»

«Проанализировала декабрь и январь по текущий день. Была удивлена, что трачу только на еду и на такси. Стало даже обидно за себя. Запланировала купить себе со следующей зарплаты сумку».

«Пока отметила, что у меня зависимость от онлайн-покупок на ASOS. Удалила приложение, заблокировала веб-сайт и держусь уже месяц».

«С декабря начала регулярно вести учет в CoinKeeper. Самое тяжелое — честность и шок от размера трат. Посмотрев на траты на шопинг, я отнесла часть одежды с бирками обратно в магазин».

«Посчитала сейчас, сколько я потратила за март, и осталась в шоке от некоторых трат. Теперь понимаю, почему так долго не могла (не хотела) приступать к учету расходов».

«Только сейчас поняла, что мои "дыры" из-за расходов! Никогда не ограничивала себя в покупках. С сегодняшнего дня всё буду записывать!»

«На данный момент скачала money.pro. Тестирую. Уже в шоке, сколько я трачу на кофе».

«В первый месяц, помню, изумилась, сколько денег уходит на "еду вне дома", и смогла сократить эти расходы, так как больше люблю домашнюю еду».

«Учет расходов позволил честно взглянуть на мои отношения с деньгами, я и не знала, что трачу много на такси, лишние вещи, непонятную еду. Теперь я планирую свои траты, и морально стало легче, ведь всё под контролем».

Как видите, оно того сто́ит. Главное — начать и продержаться хотя бы пару недель. Потом привыкнете, да и интересно станет: что там получится по итогам месяца?

И вот четыре принципа, которые помогут преодолеть внутреннее сопротивление, если оно будет.

1. Регулярность

Это самое главное: потратили — записали. Так вы точно ничего не забудете. Можно еще собирать чеки, но лично меня ворох бумажек демотивирует, и разбираться в них совсем не хочется. Привычка вырабатывается за три недели, продержитесь это время, а потом станет легче.

2. Честность

Я несколько раз пыталась вести дневник питания — и все время забрасывала: мне не нравилось то, что приходилось записывать. Я бы хотела внести брокколи и шпинат, а не два круассана и латте. Увы! Помогло только прикинуться исследователем. Не оценивать, не критиковать, вообще не думать — просто фиксировать происходящее.

Так и здесь — вы просто записываете. Ничего не надо пока менять, не надо пытаться сразу сделать красиво и правильно. Ваша задача — собрать данные. Анализ и выводы — это следующий этап.

3. Удобство

Где-то прочитала об опросе домохозяек, которых спрашивали, какую домашнюю работу они любят, а какую терпеть не могут. Ответы были разными — кому-то в радость пылесосить весь дом, кто-то любит гладить, а кто-то обожает вытирать пыль. Но выяснилась и общая закономерность. Женщины избегали тех занятий, которые были связаны с каким-то неудобством. Например, тащить гладильную доску из кладовки или наклоняться к стиральной машине для разгрузки белья. Как только неудобство устраняли — занятие переставало вызывать уныние и даже начинало приносить радость.

Если вы решили вести расходы — найдите оптимальный для себя вариант. На мой взгляд, мобильные приложения позволяют делать это легко, удобно и красиво. Хотя, как показал опрос подписчиц, многие по-прежнему любят таблицы в Excel. Кому что.

Второй момент — степень детализации. Есть люди, которым нравится записывать все до копейки, сверять цифры в приложении с остатками на картах и в кошельке. Но это совсем не обязательно для успешного отслеживания расходов. Я, например, округляю значения, пишу примерно, не разбиваю слишком подробно. Я не пишу отдельно «молоко», «яйца», «лук» — записываю общую сумму в «Продукты». А кафе, рестораны, кофе — в «Еда Out».

Мой список категорий есть ниже. Можете начать с него и адаптировать под себя.

А вот перечень приложений для ведения бюджета, составленный моими подписчиками (в опросе участвовали примерно 200 человек):

- 32% используют CoinKeeper;
- 19% ведут бюджет в старом добром Excel;
- 15% не нарадуются на ZenMoney;
- 11% предпочитают Monefy;
- 9% обходятся приложением своего банка;
- 8% — Money Pro, Money On, «Деньги ОК» и «Журнал Расходов»;
- 6% — Money Manager, Mint (рекомендуют девушки из Сан-Франциско, там оно в тренде, видимо), Toshl Finance, «Мои расходы», Keep Finance и «Тяжеловато».

И есть еще один супердейственный способ: спросите у друзей, кто чем пользуется. Я так всегда делаю.

4. Принятие

Будьте к себе добрее. Два круассана и лишнее платье? Ну и что! Вы всю жизнь так тратили, просто не видели этого. А сейчас видите. Вы молодец, делаете шаги в верном направлении.

Не помните, на что потратили 2 тысячи? Создайте категорию «Не помню» и записывайте в нее. Это кто-то из читателей подсказал.

Забыли записать день-два? Пропустите и продолжите с настоящего момента.

Главное, хвалите себя и поддерживайте. Как добрая мама обняла бы вас со словами «У тебя все получится, попробуй еще раз».

ГДЕ МЫ ТЕРЯЕМ ДЕНЬГИ*

Мы теряем постоянно, даже не замечая этого. Ведение расходов помогает увидеть эти бреши в бюджете.

1. Покупаем ненужную одежду, продукты, косметику, книги и т.д. Прикиньте сумму за последний год.
2. Опаздываем на поезда и самолеты.
3. Оплачиваем счет в кафе, не проверив.
4. Берем такси из-за того, что не рассчитали время.
5. Покупаем дорогой букет, когда заранее не озадачились подарком.
6. Тянем с визитом к врачу/стоматологу и потом расплачиваемся по полной.

* Список составлен при участии подписчиков блога.

7. Покупаем машину, чтобы стоять в пробках и оплачивать парковку/бензин/штрафы/страховку.
8. Затягиваем оплату ЖКХ и платим штрафы (ну ладно, они небольшие). Так еще и забираем деньги у себя из следующего месяца, рушим денежный поток, так сказать.
9. Покупаем еще одну «только успокойся» игрушку ребенку.
10. Покупаем дешевый свитер или чайник, который вскоре потребует замены.
11. Забываем отменить подписку на мобильные приложения, которыми не пользуемся, и вспоминаем о них только тогда, когда деньги уже списались.
12. Покупаем все для вязания (рисования, большого тенниса, изучения испанского или любого другого увлечения) и забрасываем занятия через неделю.
13. Платим минимальные платежи по кредитке (до 30% годовых!!!).
14. Платим по старому тарифу за сотовую связь, хотя есть новые — дешевле.
15. Добавьте ваш вариант ____________________.

Список статей бюджета для учета расходов

Для примера: вот по такому списку категорий я веду расходы:

- Машина // бензин, парковка, сервис, штрафы, страховка мойка, налог.
- Квартира // ЖКХ, уборка, налог, ремонт, интерьер, интернет.
- Ребенок // няня, одежда, врач, игрушки, развлечения, спорт, сад.

- Продукты // продукты, вода, алкоголь.
- Развлечения // кино, музеи, театры, разное.
- Еда не дома // рестораны, кафе, кофе.
- Образование // книги, курсы.
- Путешествия // билеты, визы, отели.
- Транспорт // такси, метро.
- Шопинг //
- Здоровье/красота // лекарства, врач, косметика, салон, спорт.
- Разное // подарки, подписки и все остальное.

А здесь можно скачать файл для планирования бюджета — обязательные и необязательные расходы: ***devushkasdengami.ru/book.***

Ну вот, ведение расходов мы наладили, собираем данные и дальше будем с ними работать. Но сначала поможем тем, кто погряз в кредитах. Если это не ваша проблема — пролистывайте следующую главу.

КРЕДИТЫ

Эта глава специально для тех, у кого сложные отношения с кредитами. Ну, как сложные… например, такие:

- вас беспокоят кредитные платежи, они съедают бóльшую часть дохода;
- у вас есть несколько кредиток, и деньгами с одной вы погашаете долги по другой;
- вам пришлось взять кредит, чтобы погасить старую задолженность;
- вы привыкли считать деньги на кредитной карте своими.

В общем, если вы чувствуете, что уже не кредит для вас, а вы для кредита, — пора выбираться.

Сам по себе кредит и не плох, и не хорош. Это всего лишь финансовый инструмент и, в общем-то, полезная вещь, но люди часто используют его во вред себе. Сколько историй начиналось с невинной кредитки «на отпуск», а закончилось многомиллионными долгами, которые потом выплачивают годами всей семьей.

Кстати, попасть в кредитную ловушку может человек с любым уровнем дохода. Джонни Депп, чье состояние оценивали в 650 миллионов долларов, уже второй год судится со своими менеджерами из-за долгов и находится на грани банкротства. Легендарный боксер Майк Тайсон в 2003 году объявил себя банкротом с долгами 23 миллиона долларов. Уитни Хьюстон, Майкл Джексон, Николас Кейдж — все они жили в наивной иллюзии, что деньги будут всегда. Что уж в таком случае говорить об обычных людях?

Интересно, что у многих тут «слепое пятно»: вроде понимаем, кредит — это зло, но все равно идем за ним:

- 74% населения считают, что кредит — это мера, прибегать к которой следует только в случае крайней необходимости;
- но при этом 30% предпочитают не копить на покупку, а воспользоваться кредитом. Насколько необходима эта покупка, можно только догадываться[8].

«Мне в магазине предложили завести кредитную карту с беспроцентным погашением 40 дней. Через год использования я уже начала выплачивать проценты, потом заняла у двух друзей часть суммы, но не подумала, что теперь мне нужно отдавать деньги сразу в три места. В какой-то момент еще через пару месяцев мне только процентами нужно было каждый месяц выплачивать 14 тысяч рублей при зарплате 43 тысячи. Долг вырос до 90 тысяч».

«Лет пять назад была кредитная карта, которую истратила «под ноль» на путешествия и всякие мелочи. Потом пришлось отдать на закрытие кредитки весь годовой бонус. Кредитки — зло! С тех пор обхожу их стороной».

«У меня есть кредитная карта, и это худшее решение в моей жизни. Когда она у меня появилась, я почему-то думала, что не склонна к компульсивным покупкам. Но так как я не умею копить, совсем не умела тогда планировать бюджет, то все еще страдаю и люто ее ненавижу. Сейчас вот составляю план, как ее закрыть, и хочу ему следовать».

«В прошлом долго жила с кредитной картой. Это явно была плохая идея. Каждый раз, получая зарплату, я половину, а то и больше тратила на погашение долга по кредитке, пока не прошел льготный период. В результате оставшихся денег не хватало до конца месяца, и я опять расплачивалась кредиткой. И так по кругу много лет. Когда наконец закрыла кредитку — это был просто камень с души!»

Искушение кредитом

Предложите ребенку на выбор: одна конфета сейчас или две через 15 минут. Что он выберет? А что бы выбрали вы?

«Зефирный тест» провели в Стэнфордском университете в 1960 году. Детям четырех–шести лет предлагали одну зефирку и обещали дать вторую через 15 минут. Потом исследователи оставляли ребенка один на один с искушением. Дети боролись как могли: кто закрывал глаза, кто колотил по столу или крутился на стуле. Некоторые съедали зефир сразу, а кто-то лишь под конец испытания. Бóльшая часть с искушением не справились — до двойного угощения дотерпели меньше трети детей[9].

Этот тест напоминает наше отношение к кредитам. Тысячу рублей сейчас мы ценим выше, чем две тысячи через год. Так работает психологический эффект «смещения к настоящему». Поэтому нам сложно откладывать и легко брать кредиты. Мы думаем: «Сегодня я порадую себя новым платьем (высокая ценность денег в настоящем), а платежи по кредиту как-нибудь осилю, ерунда (низкая ценность денег в будущем)».

Кредиты «умные» и «глупые»

Крупные компании и серьезные бизнесмены постоянно используют кредиты и, кажется, только выигрывают от этого. Нефтяные вышки, офисные здания, исследования ученых-астрофизиков оплачивают кредитными деньгами и выводят компании на новый уровень. Как же нам, обычным девушкам, определить, когда кредит — благо, а когда — прихоть?

Здесь все просто. «Умные» кредиты — те, которые позволят решить важную стратегическую задачу, помогают заработать или способствуют развитию. Например:

- Купить новую камеру, освоить профессию фотографа и начать больше зарабатывать — отлично!
- Взять ипотеку и съехать от свекрови, сохранив добрые семейные отношения, — бесценно!
- Вложить кредитные деньги в развитие производства, спасти бизнес — очень хорошо!

«Брала кредит на ноутбук для работы, считаю его скорее стратегическим: так я смогла освоить новую профессию и повысить доходы на 60%, а еще наполнить свою жизнь маленьким каждодневным удовольствием работать за мощным новым ноутбуком в любой точке мира, так как он легкий».

«Несколько лет назад у меня был кредит сроком на 5 лет. Я брала его на оплату учебы за второй семестр. Когда я доучилась и начала работать, тут же его закрыла, то есть по факту он был всего несколько месяцев. Соответственно, это позволило мне спокойно доучиться, получить навыки, прокачать уровень работы и поднять доход. Однозначно, кредит хороший!»

«Глупый» кредит, наоборот, не приносит ни пользы, ни развития. Новый смартфон или сумка принципиально не изменят вашу жизнь, а переплатить придется. Но даже не это самое печальное. Постоянные кредиты расшатывают вашу финансовую дисциплину сразу по нескольким фронтам:

- Сегодняшние деньги вы тратите на вчерашние покупки. Модель телефона уже устарела, отпускной загар давно сошел, а график платежей никак не закончится. А ведь эти деньги как раз можно было бы отложить, но, увы, опять не получится.
- Вы покупаете то, на что еще не заработали, живете в долг и все больше теряете связь с реальностью. Привыкаете считать деньги на карте «своими», и без них уже некомфортно.
- Вы несвободны, и это нервирует. А если меня сократят? А если со мной что-то случится? Как бы не забыть внести платеж... Такие мысли не добавляют радости.

А какой кредит у вас? Давайте проверим.

Тест для кредита

Прежде чем подписать договор, задайте себе три вопроса:

1. Какую потребность закроет кредит — сиюминутную или стратегическую?
2. Принесет ли он в итоге доход (деньги, работу, перспективу)?
3. Есть ли возможность решить вопрос другим способом (например, взять камеру на время у друзей)?

Такой тест вряд ли пройдут кредитные карты, кредиты на свадьбу или на новый большой телевизор. А вот на квартиру и на бизнес — вполне.

«Брали кредит на свадьбу — брак закончился через два года, кредит еще три года выплачивать, однозначно глупое решение, о котором жалею и которым не горжусь».

«Мой первый кредит был потребительским, тогда я купила систему домашнего кинотеатра. Платеж был небольшим, я дисциплинированно его выплатила за 12 месяцев. Но эта вещь устарела через 2 года и теперь пылится на антресолях».

«Я вижу это на примере своих подруг, живущих в долг: они всегда готовы тратить на сиюминутные прихоти, и у них никогда нет денег на главное — на здоровье, на крупные покупки, важные вещи».

«Что меня более всего смущает, это отказ принять свою финансовую ситуацию. Ты не хочешь признаться себе, что не можешь позволить дорогой подарок молодому человеку или хорошую сумку, а продолжаешь покупать эти вещи в кредит. Получается, что ты живешь в какой-то выдуманной реальности».

«Создается ложное впечатление, что ты можешь позволить себе всё, и забываешь, что отдавать придется гораздо больше, чем стоила та вещь, на которую потратила кредитные деньги».

«Старый кредит на iPhone — плохой точно, приятные ощущения от владения телефоном прошли за пару недель, а кредит отдавала 3 месяца. К тому моменту, когда выплатила сумму полностью, эта модель телефона упала в цене в магазинах. Получается, я отдала за нее раза в полтора больше».

Кредитные карты

Давайте отдельно поговорим о кредитных картах — они очень прочно вошли в нашу жизнь, игнорировать их не получится. А ведь именно с кредитки чаще всего начинается спуск в долговую яму.

Да, у них есть бесплатный период. Да, у них много плюсов — повышенный кешбэк, бонусные баллы. Но ведь и банки не так просты: вам дают бесплатные деньги не просто так, по доброте душевной, а точно зная, что 90% пользователей рано или поздно выйдут из бесплатного периода и тогда начнут платить 20–30% годовых.

Стоит мне в блоге написать пост о вреде кредиток, как обязательно в комментариях отметятся девушки, утверждающие, что у них все в порядке с дисциплиной, они много лет успешно пользуются кредиткой и никогда не выходят из бесплатного периода. Наоборот, они постоянно получают повышенный кешбэк, авиамили, баллы и что там еще банки придумали.

Что ж, возможно, такие девушки существуют. Как и женщины, которые не выходят из дома без свежей укладки и не едят после шести вечера. Но много ли вы таких знаете?

И все равно возникает вопрос: почему же с такой железной дисциплиной они до сих пор не отложили на «подушку безопасности», чтобы в кредитке вообще не было необходимости? Ведь это жизнь с постоянным чувством «я должна»: надо помнить даты платежей и стараться вовремя гасить задолженность… Но я даже не буду тут много писать, всё скажут сами девушки:

«Пять лет назад я открыла кредитку, просто потому что предлагали, даже особой нужды не было. За это время я то погашала ее с намерением закрыть, то снова тратила все. Год назад взяла еще одну кредитку, так как не справлялась с погашением первой. При этом все мои траты были на ежесекундные женские желания: одежда, какие-то курсы по саморазвитию и проч.»

«Был опыт с кредитной картой. Деньги уходили в никуда, я не выходила за беспроцентный период, но и возврат долга живыми деньгами радости не приносил. Рада, что приняла решение закрыть карту, и надеюсь больше этот опыт не повторить!»

«Изначально я заводила кредитку в напряженной ситуации — надо было быстро обставить квартиру и начать в ней жить. Кредит быстро закрыла зарплатой, но карту оставила. Пользуюсь ею постоянно, чтобы накапливать баллы, в то время как основные средства лежат на дебетовой и зарабатывают процент на остатке. В целом я не выхожу за рамки, но меня напрягают постоянные подсчеты и отсутствие контроля по кредитке. Едва ли я реально получаю какую-то выгоду, а хлопот много».

«За регулярное и своевременное погашение мне все увеличивали и увеличивали кредитный лимит. И увеличили его очень сильно — настолько, что в какой-то момент я не смогла погасить задолженность и заплатила штраф. Но главным, конечно же, во всем этом был стресс. Фоновый, давящий, бесконечный стресс. В общем, однажды я решила это прекратить, погасила кредитку и в банке попросила сделать кредитный лимит ноль».

«Кредитную карту я использую как некий “дополнительный” кошелек или для крупных покупок, так как она с кешбэком. Хотя я веду себя очень дисциплинированно, но тем не менее все чаще задумываюсь об отказе от нее: мне не нравится, что нужно постоянно помнить о долге и его гасить».

Я сама живу без кредитной карты и всем рекомендую. Но решать, как всегда, вы будете самостоятельно.

«Кредитную карту навязал банк (а я была молода и наивна). К счастью, через полгода ее закрыла. Теперь, если в банке предлагают оформить кредитку снова, отвечаю сотрудникам, что мне религия не позволяет пользоваться чужими денежными средствами. Они вроде пугаются и отстают».

Как выбираться из кредитов

Если вы уже попали в кредитную кабалу, надо выбираться из нее. Хорошая новость — это возможно. Плохая — никто другой за вас это не сделает, придется поработать.

Для начала надо признать само наличие проблемы, преодолеть стадию отрицания, чтобы перейти к принятию. Для этого распишите все долги и грядущие выплаты, прикиньте будущие доходы и примите ситуацию, какой бы печальной она ни была. Затем выработайте антикризисный план: когда и какие суммы вы направите на погашение.

А еще:

- *Проверьте возможности рефинансирования.*

Несколько кредитов можно заменить одним, более выгодным. Например, вместо трех кредиток с запутанным графиком выплат и космическим процентом (25–35% годовых) берете один потребительский кредит со ставкой 15% и фиксированным графиком платежей. Не забудьте при этом сжечь кредитные карты.

- *Погашайте кредит досрочно, если можете.*

«Зачем? Я прекрасно справляюсь со своими долгами. Денег хватает, зачем торопиться с выплатой?» А затем, что любая небольшая проблема (потеря работы, болезнь, скачок курса доллара, непредвиденные расходы) грозит просрочкой платежа — и ваш бюджет, хлипкий, как домик Ниф-Нифа, рассыплется на части.

- *Рассматривайте досрочное погашение как выгодную инвестицию.*

Да-да. Нет смысла платить банку 15% по кредиту и при этом вкладывать свободные деньги на депозит под 7%. Считайте, что вкладываете деньги под 15%.

Стратегии погашения кредита

Выбираться проще, имея под рукой план действий, — стратегию, которой вы будете придерживаться несмотря ни на что. Их может быть две:

- ***С максимальной эффективностью.***

Из всех кредитов выбираем тот, что с максимальной ставкой (обычно это кредитная карта или, не дай бог, микрокредит), и все свободные деньги бросаем на его погашение.

- ***С быстрым результатом.***

Выбираем самый маленький долг и максимально быстро его погашаем. Долгов стало меньше. Можно вычеркивать. Да, вы немного теряете на процентах, но ведь вы и так теряли.

И последнее условие — самое важное: придерживайтесь выбранной стратегии во что бы то ни стало. Ключ к успеху — в непреклонном намерении избавиться от долгов. И не влезайте в кредиты снова!

ТРЕКЕР ПОГАШЕНИЯ ДОЛГА

Разделите весь оставшийся долг на 100 частей и каждый раз, выплатив сотую часть, закрашивайте жизнерадостным цветом одну из клеток.

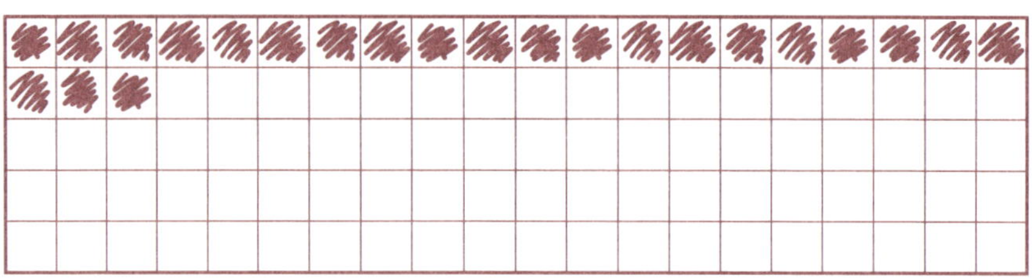

Для тех, кто не готов к лишениям и не хочет все свободные деньги нести в банк, совет от немецкого миллионера и финансового коуча Бодо Шефера: 50% свободных денег направляйте на погашение кредитов, а оставшиеся 50% — в сбережения:

«Подумайте сами: какой стимул в том, чтобы как можно скорее освободиться от гнета долгов? Да, это прекрасное чувство. Но фактически в результате вы имеете ноль. В этот момент у вас ничего нет, как у новорожденного младенца. Ноль не может быть целью».

АНАЛИЗИРУЕМ РАСХОДЫ

Вы уже ведете учет расходов и, кажется, делаете все возможное для своего финансового благополучия. Увы, я вас расстрою: просто фиксировать суммы — недостаточно. Как пытаться похудеть, взвешиваясь и вздыхая над весами, и снова пить чай с круассаном, так же и в финансах. Можно годами вести таблицы, но ничего не менять, продолжать тратить и вздыхать: «Эх, опять не удалось ничего отложить».

Поэтому сначала вы собираете факты — бесстрастно фиксируете происходящее. После этого приступаете к их анализу — смо́трите, что получилось. Ответьте на два вопроса:

1. Нравится ли мне, как я трачу свои деньги?
2. Остаются ли деньги на сбережения и инвестиции?

Если на оба вопроса вы ответили «да», тогда, пожалуй, переходите сразу к главе «Инвестиции». Но, если чувствуете, что часть денег потрачена без смысла и без удовольствия (обидно, конечно), если видите, что на сбережения опять не остается, — тогда эта глава для вас. Будем оптимизировать расходы.

План такой:

- найти дополнительные источники денег;
- оптимизировать расходы по категориям;
- переключить мозг в режим осознанного потребления.

Начинаем!

ГДЕ ДЕНЬГИ?

Сначала прикинем, как увеличить доходы. Я не о поиске удаленных проектов и не о карьерном росте, хотя, разумеется, и он не помешает. Речь о небольших, но приятных денежных поступлениях, которые мы можем получать просто так.

Карты с кешбэком

Простой и доступный способ сэкономить за счет банка. Вы платите картой, а банк возвращает процент деньгами или бонусными баллами. Кешбэк-карты достаточно популярны, они есть у многих банков, выпускаются с разными условиями и тарифами. На что стоит обратить внимание при выборе:

- ***Процентные ставки.***

Обычно это возврат 1–2% со всех покупок и повышенный процент с отдельных категорий. Проверьте, актуальны ли они для вас: 10%-ный возврат за заправку на АЗС вряд ли пригодится, если вы ездите на метро.

- ***Минимальный расход.***

Кешбэк будет начислен только при условии, что потрачена заданная минимальная сумма. Например, те же 10% за АЗС вы вернете, если потратите на заправках больше 10 тысяч в месяц.

- ***Максимальная сумма возврата.***

Пожалуй, самое важное ограничение. Банк фиксирует максимальную сумму к возврату: хоть 5 миллионов потратьте, а вернут не более 15 тысяч.

- ***Способ начисления.***

Деньгами или бонусами в магазинах-партнерах. Проверяйте, интересны ли вам эти магазины.

- ***Обслуживание карты.***

Как правило, оно не бесплатное. Получить 3 тысячи кешбэка и отдать 5 тысяч за обслуживание карты — сделка с сомнительной выгодой.

Кешбэк-сервисы

Кешбэк-сервисы возвращают проценты с онлайн-покупок, сделанных через их систему. Регистрируетесь на сайте одного из сервисов и переходите в нужный вам магазин. Скажем, на Ozon.ru за книгами о финансах. Вы оформляете покупку как обычно, а Ozon знает, что эту милую девушку привел кешбэк-сервис, и начисляет ему бонусы. Кешбэк-сервис, в свою очередь, делится частью бонуса с вами. Все довольны!

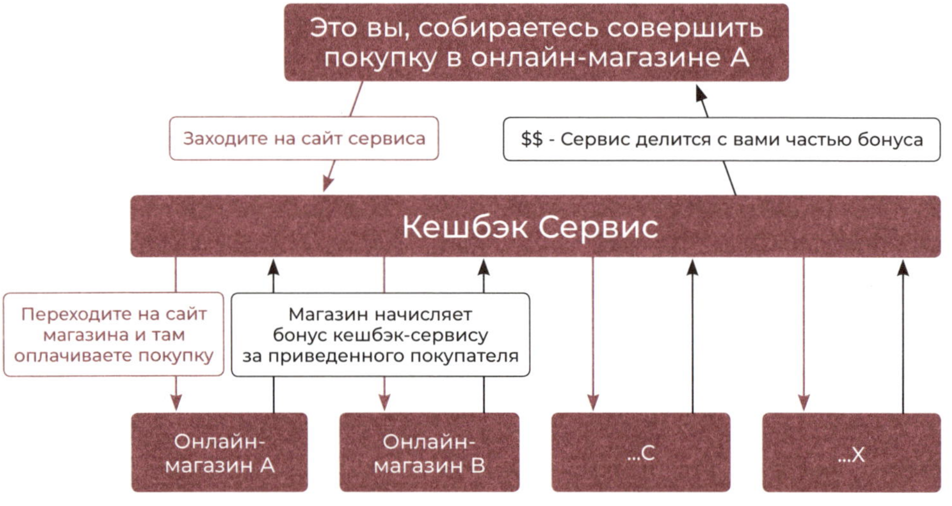

Накопленный кешбэк можно вывести на карту, на телефон или на электронный кошелек.

Только, пожалуйста, не погружайтесь с головой в онлайн-шопинг ради кешбэка. Пусть он будет приятным бонусом к действительно нужным покупкам.

Бонусные программы и программы лояльности

Полетные мили в авиакомпаниях, бонусы и баллы в продуктовых супермаркетах и в магазинах косметики — тратите как обычно, а заодно копите баллы, которыми можно будет оплатить следующую покупку или ее часть.

Налоговые вычеты

Самая заметная категория дополнительных доходов, которой уж точно не стоит пренебрегать.

Если в этом году вы покупали квартиру, лечили зубы, учили язык или вкладывали деньги через индивидуальный инвестиционный счет (ИСС), то уже в начале следующего года можете получить налоговый вычет. Правда, эта прекрасная возможность актуальна для тех, кто платил подоходный налог (НДФЛ по ставке 13%), иначе возвращать нечего.

Подробно обо всех вычетах и условиях получения рассказывает на своем сайте Федеральная налоговая служба — на удивление доступным языком.

Приведу краткий перечень основных вычетов.

Покупка	Вычет
Жилье (квартира, жилой дом)	13% от стоимости жилья, максимум 260 тысяч рублей. Можно получать по нескольким объектам, один за другим, пока не выберется вся сумма
Проценты по ипотеке	13% от суммы уплаченных процентов по ипотеке, максимум 390 тысяч рублей. Раз в жизни по одному ипотечному объекту
Лечение	13% от стоимости лечения. Максимум 15 600 рублей для обычного лечения и без ограничения суммы для дорогостоящего лечения (сложные операции, стоматология и даже пластика). Можно получать ежегодно
Обучение	13% от стоимости обучения, максимум 15 600 рублей на взрослого и 6500 рублей на ребенка. Можно получать ежегодно
Страхование жизни	13% от стоимости полиса, максимум 15 600 рублей. При условии, что страховой полис оформлен на срок не менее 5 лет. Можно получать ежегодно

Как получить вычет:

- взять на работе справку об уплаченных налогах;
- собрать необходимые документы — для каждого вычета свой пакет;
- заполнить декларацию и подать документы (это можно сделать онлайн);
- дождаться результатов налоговой проверки и, если все в порядке, в течение трех месяцев получить деньги на счет.

Немного пополнили баланс, а теперь перейдем непосредственно к оптимизации.

ОПТИМИЗАЦИЯ РАСХОДОВ

Если вы ведете учет расходов хотя бы две недели, то уже знаете свои основные категории расходов и представляете, где не помешала бы оптимизация. Только давайте договоримся, что будем действовать постепенно, не надо пытаться одномоментно начать новую жизнь. Вы наверняка уже не раз это пробовали.

Обычно девушки решают оптимизировать сразу всё: покупать только нужную одежду, в супермаркет ходить строго со списком, на работу брать еду из дома, а маникюр делать самостоятельно. Запала хватает на неделю-две максимум. А потом, устав от гречки и заусенцев, они пошлют эту оптимизацию куда подальше и спустят всю зарплату на шопинг, отметив покупки десертом. Я точно знаю.

Поэтому включим осознанность.

Начните с вопроса: «Почему я так много трачу на это?» Запишите всё, что придет в голову.

Возможно, постоянные походы к косметологу дают вам возможность не только выглядеть лучше, но и передохнуть, зарядиться энергией, позаботиться о себе, да просто поспать днем, в конце концов.

Второй вопрос: «А можно ли получить всё то же самое другим путем?» Например, без посещения косметолога. Может, вам просто надо высыпаться? Или пора бросить курить?

И так рассматриваем каждую категорию расходов: важно ли это для меня? Почему? Сколько я готова на это тратить? Какие способы оптимизации я могу применить?

Двигаемся постепенно, шаг за шагом. У нас нет задачи урезать расходы. Наша цель — убрать лишнее, оставив важное. Возможно, на что-то вам захочется тратить больше. Например, перейти на фермерские продукты или записаться наконец к классному парикмахеру, отказавшись от десятой дешевой кофточки. И это будет ваш осознанный выбор, который принесет радость и удовлетворение.

У МЕНЯ ВСЁ ЕСТЬ

Кто покупает лишнее,
в конце концов продает необходимое.

Б. Франклин

Управление расходами станет гораздо эффективнее, если вы приобретете суперспособность «покупать меньше», то есть перестроите мышление так, чтобы сократить саму потребность в покупках, дорогих развлечениях и постоянном улучшении себя.

Настоящие изменения происходят, как только мы действительно осознаем, что нам просто не нужна добрая половина этой одежды, с друзьями можно встречаться не только в ресторане, а латте по дороге в офис мы покупаем преимущественно от скуки.

Если вы еще не знакомы с философией минимализма, очень рекомендую приобщиться, вдохновиться и по-новому взглянуть на потребление как таковое. Суть минимализма выражается очень коротко: почти все вещи лишние. Только очень малое количество вещей действительно важны. На них-то и стоит тратить деньги и время. Новый iPhone в этот список, скорее всего, не попадет.

Почитайте «Магическую уборку» Мари Кондо[10], «Искусство жить просто» Доминик Лоро[11] или «Меньше значит больше» Джошуа Беккера[12], чтобы познакомиться с новой точкой зрения. Осознать, как мало вещей нам надо на самом деле. Освободить место в шкафах, в мыслях и в жизни. А сэкономленные деньги потратить на что-то интересное.

Какое-то время я очень увлеклась этой идеей — распродавала вещи, раздала книги и косметику, даже в отпуск ездила с семью вещами в небольшой котомке. Потом это увлечение прошло, настоящим минималистом я так и не стала. Но всё же теперь покупаю гораздо меньше, чем раньше. Выбираю качество вместо количества, впечатления вместо вещей, отношения вместо развлечений. А еще мне очень помогает мантра «У меня все есть» — иду ли я мимо стеллажей с косметикой, витрин с распродажей или полок с конфетами. Настойчивым продавцам эти слова я произношу вслух — они сразу теряют ко мне интерес.

Попробуйте и вы.

Поймите, что простота — это не устранение всего, что вы любите. Это устранение всего, что не способствует вашему счастью...

Не дайте посредственности и прошлому заполонить вашу вселенную. Владейте малым, но пусть это малое будет самым лучшим.

Доминик Лоро

Обилие вещей не делает нас счастливыми. Более того, лишние вещи отнимают у нас время и энергию. Избавившись от того, что не имеет для нас никакого значения, мы высвобождаем время, энергию и деньги, чтобы заниматься тем, что действительно важно.

Джошуа Беккер

ОСОЗНАННОЕ ПОТРЕБЛЕНИЕ

И все же, даже приняв концепцию «меньше значит больше», бывает сложно устоять против натиска продавцов, подруг и рекламы. На этот случай я собрала лайфхаки осознанного потребления, которые помогут удержаться от лишней покупки.

«Детокс» для кошелька

Финансы очень похожи на ЗОЖ. Нет быстрых рецептов: не получится сегодня едва сводить концы с концами, а завтра — разбогатеть, заработав на акциях. Нет финальной точки: не получится разобраться с финансами раз и навсегда. Это процесс длиною в жизнь. И так же, как в питании, в финансах можно устраивать разгрузочные дни.

Помню, после трехдневного детокса на овсяном киселе даже вареная морковь казалась деликатесом. Заодно стало очевидно, как много и бездумно я ем. То же самое с деньгами. Денежный «детокс» поможет осознать, сколько лишнего мы покупаем и как бездарно тратим.

Есть даже движение No Spending Challenge — на какое-то время люди вообще отказываются от покупок или придерживаются минимального дневного бюджета. Вот несколько вариантов, как это можно сделать.

Минимум покупок

Для начинающих. Ваша задача — делать как можно меньше оплат. Ограничьте количество покупок. Устройте соревнование с подругой или мужем «у кого меньше транзакций». Сравнивайте недели или даже месяцы. Потраченная сумма не важна, важно именно количество кассовых чеков. Уже одно это заставит вас тратить меньше.

Минимум расходов

Ограничьте дневной бюджет. Скажем, 500 рублей в день без учета квартплаты, бензина или лекарств, если вдруг понадобятся. Только ваши ежедневные расходы. На продукты, на одежду, на развлечения. Бодо Шефер в одной из своих книг рассказывает, что восемь месяцев жил на 5 марок в день. И когда сломалась ручка двери в автомобиле, ему приходилось пробираться внутрь через пассажирское сиденье.

Ноль расходов

Самый радикальный способ предлагает Карл Ричардс: «Проверьте, сколько дней вы продержитесь вообще без денег». Заранее купите проездной, заправьте машину, заполните холодильник. А дальше просто оставьте кошелек дома. Обед берите с собой, замените поход в кино прогулкой на свежем воздухе, вместо вечеринки пригласите друзей в гости на сеанс «Монополии».

Разгрузочный день

Моя подруга раз в неделю устраивает «День без еды» и пьет только воду. По аналогии можно устраивать «День без денег» — для поддержания тонуса.

Цель этих упражнений — испытать себя на прочность в плане привязанности к импульсивным покупкам. Увидеть, как часто рука тянется за кошельком без особого повода. Сэкономленные деньги считайте призом — пополните банковский вклад или купите валюту для предстоящего отпуска.

Одежда

Одежда — лидер бесполезных трат. Эта категория уверенно входит в топ-3* расходов, которые девушки хотели бы сократить. Некоторые пишут: «Надеюсь, я “наемся” и этот вещевой голод закончится». Увы, этого может не произойти: всегда будут более модные, более новые и более дорогие вещи, поэтому менять привычки и сознание сто́ит уже сейчас.

Тест на шопоголизм

Отметьте высказывания, с которыми вы согласны:

1. Бывает, вы идете в магазин без четкой потребности, просто «что-то прикупить».
2. Вы можете потратить на шопинг целый день, для вас это способ приятно провести время.
3. Вы в курсе всех распродаж и новинок.
4. Бывало, что вы прятали покупки от родных и близких, поскольку было неловко за потраченные деньги.
5. Вы найдете силы на шопинг даже после тяжелого дня.
6. Покупая, вы представляете, какое впечатление произведете на окружающих, в том числе в соцсетях.

Набрали больше половины положительных ответов? Поздравляю, вы — шопоголик!

* По данным опроса 200 студентов курса «Девушка с Деньгами».

Вещи, висящие в шкафу без дела, — это деньги, на которые не начисляются проценты.

Девушка с Деньгами

«Юла», Facebook и Avito ломятся от объявлений о продаже. Я даже видела анонс курса «Как продавать на Avito». Там расскажут, как сфотографировать платье или миксер, как сделать интересное описание и как не попасться на удочку мошенникам. На мой взгляд, гораздо выгоднее было бы не покупать ненужную вещь изначально, сэкономив как на покупке, так и на курсе.

Я не люблю покупать вещи, которые потом лежат без дела, умею этого избегать. Но так было не всегда.

После советского детства и более чем скромного студенчества первые деньги ужасно хотелось тратить на одежду. Когда появилась возможность путешествовать, шопинг стал обязательной частью программы. Из Нью-Йорка я привезла дополнительный чемодан. Номер в Риме заполонили пакеты. Я ездила на распродажи и в аутлеты. Места в шкафу катастрофически не хватало. Я постоянно перебирала вещи, ненужные отвозила маме или сдавала в комиссионку. И продолжала мучиться вечным «нечего надеть».

Как-то раз, продавая за бесценок три пары туфель на шпильках (очень нравилось их покупать, но никогда не нравилось носить), я набросала список всех вещей на продажу и посчитала сумму, в которую они мне обошлись. Цифра меня отрезвила — я могла бы провести две недели в роскошном отеле у моря. А настоящий переворот произошел после знакомства с философией минимализма — об этом уже писала выше.

Я всё еще люблю покупать одежду, но делаю выбор в пользу качества и полезности. И больше не ношусь по магазинам в отпуске: вещь может не подойти, а вернуть ее не получится. Не спешу схватить что-то на распродаже. А самое главное — я могу уйти из магазина с пустыми руками. Раньше брала хоть что-то из принципа «не зря же пришла». Теперь могу обойти 15 магазинов, перемерить кучу всего и уйти ни с чем. Ну, как ни с чем — с деньгами. И это не про экономию. Это про контроль.

Не могу сказать, что я полностью излечилась, но прогресс определенно есть!

Какие приемы помогут вовремя остановиться и отложить ненужную покупку?

Следовать принципу «Сомневаешься — не бери»

Самый простой и самый действенный принцип. Увы, при всей простоте и очевидности его бывает недостаточно, не хочется так быстро сдаваться. Поэтому все остальные способы — это дополнительные меры.

Считать цену выхода вещи

Нарядное платье на новогоднюю вечеринку за 5 тысяч рублей. Надето один раз. Цена выхода — 5 тысяч рублей.

Джинсы за 3 тысячи рублей. Надеты 100 раз. Цена выхода — 30 рублей.

Мы зачастую готовы потратиться на вещь «на выход», а повседневную одежду берем недорогую. Хотя из расчета очевидно, что вкладывать стоит как раз в те вещи, которые будем носить регулярно.

Провести «Тест с незнакомцем»

Выручил меня на днях, когда я металась между двух пар сережек. Представьте рядом незнакомца, который держит в одной руке вашу покупку, а в другой — деньги. Что берете?.. Я ушла с деньгами, чему крайне рада! Потрачу их, когда буду уверена в выборе.

Пересчитать в рабочие часы

Переведите цену вещи в ваши рабочие часы*. Сколько-сколько рабочих дней стоят эти прекрасные золотистые туфли?!

Задавать вопросы

«Мне *действительно* нужна эта вещь?»

Для усиления эффекта задайте его себе несколько раз подряд. Этот вопрос очень выручает меня в IKEA. По пути кидаю в корзину все подряд, ибо устоять невозможно, но перед кассами останавливаюсь, перевожу дух и выкидываю 90% из тележки. Для одежды тоже помогает — пока чек не пробит, еще можно одуматься.

«А могу я это не покупать?»
Да, конечно, можете!

«Как еще я могу потратить эти деньги?»
Наверняка вам придет в голову что-то более полезное и воодушевляющее, чем брюки Zara из полиэстера.

Делать перерыв

Я редко сразу оплачиваю что-то — обычно откладываю покупку на кассе и иду на другой этаж или на соседнюю улицу. Если возвращаться лень, значит, не очень-то мне эта вещь нужна.

Поставить крупную цель

Купить квартиру, отправиться в круиз, отучиться неделю в креативной школе в Лондоне — мелкие траты сами отойдут на второй план. Внимание и деньги потекут в полезном перспективном направлении.

* Разделите месячный доход на количество рабочих часов. Обычно это 176 часов (22 рабочих дня по 8 часов в каждом).

Осторожно: распродажа!

Помните, что распродажа — это шанс купить что-то нужное со скидкой, а не набрать ненужного добра по дешевке.

Краткая инструкция по выживанию в период sale:

- Наметить четкие цели. Дома, в спокойной обстановке. Список — наше всё!
- Определиться с магазинами, чтобы точно знать, куда и за чем идти.
- Изучить товар заранее. Пощупать, померить, убедиться. Добавить в избранное, если покупаете онлайн.
- Определить бюджет. И постараться его не превышать!

К счастью, большинство покупок можно сдать обратно в течение 14 дней, не пренебрегайте этой возможностью.

Заменять

Зуд шопоголика хорошо снимается небольшой покупкой в книжном или в аптеке. Одна подписчица поделилась, что вместо очередного «лучшего в мире хайлайтера» она покупает кофе в хорошем кафе. Этого бывает достаточно, чтобы удовлетворить потребность приобрести хоть что-нибудь.

И еще универсальный совет: не ходите в магазин в плохом настроении и не берите с собой кредитную карту!

Продукты

Лера, моя пятилетняя дочь, — идеальный покупатель. Она сразу хватает тележку, бежит к ярким стеллажам, накидывает с горкой творожков и батончиков. «Возьмем это попробовать? А это? И это! Мама, смотри, какая штука!» В общем, ведет себя именно так, как запланировали маркетологи. Хорошо, что она пока не умеет читать и плакаты «Скидка» и «Акция» на нее не действуют. На нас же действуют не только плакаты, а еще:

Тележка

Безобидная корзина на колесиках придумана для нашего удобства, но при этом она же и провоцирует покупать больше.

Расположение продуктов

За хлебом и молоком приходится шагать через весь магазин, чтобы по пути зацепить хлопья/консервы/шоколад/печенье, которые вы вообще не планировали покупать. Регулярные перестановки отделов в магазинах делают с той же целью.

Ценники

Мы все знаем эту фишку: «Всего за 999 рублей». Да, то же самое, что и тысяча! Знаем, но магия цифры 9 продолжает действовать. Кажется, покупка и правда выгодная, да?

Товары на кассе

Вы на финишной прямой, но расслабляться рано. Именно здесь поджидает последняя ловушка — товары в кассовой зоне: снеки, шоколадки, жвачки. Придержите руку, а время ожидания используйте, чтобы критично осмотреть содержимое корзины.

И никогда не ходите за продуктами голодной. Риск накупить вредного и лишнего возрастает в разы.

Путешествия

Вообще я обеими руками за путешествия. Поездка уж точно лучше, чем шопинг. Путешествия — это здорово. Но если они мешают достигать других важных целей — покупки квартиры, например, — то есть смысл пересмотреть подход:

- бронировать отели и билеты заранее — так выгоднее;
- пользоваться бонусными милями и субсидированными полетами;
- сократить количество поездок или количество дней;
- изменить направление;
- изменить отношение к поездкам.

«Поняла, что не хочу часто ездить в короткие европейские поездки, хочу заменить их на 2–3 важные и развивающие».

«Я продвинута в вопросе путешествий, бронирую заранее и довольно дешево. И мои мысли раньше были такими: «Ну что мне сделают 30 тысяч в бюджете, я же так дешево купила билеты и нашла отель за полцены, зато увижу Стокгольм». Но вопрос в том, что к этим 30 тысячам добавляются расходы на пребывание там, на незапланированные покупки, на внезапные траты. Поэтому я решила не обманывать себя и не подбирать под это философию, а просто меньше ездить».

ПЕРЕД ОТПУСКОМ

- **Проверьте задолженности по налогам, кредитам и штрафам.**

Если ваши долги по налогам, кредитам и штрафам больше 30 тысяч рублей (по алиментам — 10 тысяч), выезд за границу могут запретить. Проверьте свой статус на сайте Федеральной службы судебных приставов. Нужны ФИО и дата рождения.

- **Сообщите банку, что едете в другую страну/регион.**

Банки могут заблокировать карту за сомнительные операции. Вот вы платили-платили в Омске, а потом вдруг купили магнитик на Родосе. Банку это может показаться подозрительным. Обещают, что по звонку карту разблокируют, но не все банки действуют одинаково оперативно. Проще предупредить банк, чем искать потом деньги за границей. Кстати, по этой же причине лучше взять в поездку две карты.

- **Уточните в банке размер комиссий за операции по карте за рубежом.**

Будьте готовы заплатить комиссию за снятие наличных в банкомате за границей и за проведение валютной операции по рублевой карте. Кроме того, у банка может быть отдельный невыгодный курс обмена валют на этот случай.

- **Привяжите карту к валютному счету.**

Выгоднее платить напрямую в валюте той страны, где вы находитесь, — так будет меньше конвертаций и, соответственно, комиссий.

Для этого:

- откройте валютный счет через приложение банка;
- обменяйте валюту по внутреннему курсу банка;

- привяжите карту к валютному счету (и не забудьте вернуть обратно по возвращении домой).

Все эти операции доступны в приложении банка и сэкономят вам 2–3% от платежей.

Косметика и уход

«Какой процент бюджета правильно тратить на уход и на косметику?» — часто спрашивают у меня подписчицы. Такого правила нет, но здравый смысл подсказывает, что вряд ли больше 10% годового дохода. Просто потому, что есть еще много категорий, которые не хотелось бы упускать из вида: путешествия, образование, одежда, развлечения и, само собой, инвестиции. Если какая-то категория перетягивает «бюджетное одеяло» на себя, значит, страдают другие стороны жизни.

И здесь снова поможет вопрос: «Почему я так много на это трачу? Зачем покупаю ненужную косметику?»

«Я поняла, что хожу к косметологу два раза в месяц не потому, что у меня плохая кожа, а потому, что веду нездоровый образ жизни, и эти деньги идут не на улучшение, а на поддержание того, что у меня и так есть. Изменила режим, и за прошедший год количество визитов к косметологу сократилось до 3–4 раз в год при том же эффекте».

А еще можно попробовать рассчитать бюджет косметички. Составляете список всего, что понадобится в течение года. Например:

- BB-крем. Хватает на год, стоит 1500 рублей.
  Итого: 1500 в год.
- Тушь. Покупаю раз в полгода, стоит 1200 рублей.
  Итого: 2400 в год.

Сложите все, что вам требуется, — будет годовой бюджет. Разделите сумму на 12 — получите бюджет на месяц. Ориентировочный, конечно же, потому что раз на раз не приходится.

Плюс в том, что рассчитанному бюджету легко следовать, потому что он обоснован, а не с потолка взят. Даже если не соблюдать ограничения супержестко, такой план все равно работает и весьма эффективно уберегает от лишних покупок.

Косметическое голодание

Skin fasting — новый тренд и популярная тема бьюти-блогеров. Вы просто даете коже какое-то время передохнуть от кремов и сывороток. Такой минимализм в уходе.

«Идея предприятия возмутительно проста: на несколько дней вы отказываетесь даже от базовых процедур, включая увлажнение и очищение жесткими средствами, чтобы дать коже вернуться к фоновому состоянию, в том числе в плане выработки кожного жира. Умываться при этом советуют теплой водой, а для того, чтобы сохранять баланс влаги, употреблять больше жидкости. По сути, новый тренд заключается в том, чтобы просто ничем не пользоваться», — пишет издание Wonderzine.

Я не берусь обсуждать косметический эффект такого подхода, меня интересует психологический аспект. Любой детокс (и в питании, и в шопинге, и вот этот новый, в уходе) помогает осознать, как много лишнего мы потребляем — по привычке, по зову рекламы, на эмоциях. И понять, как мало нам на самом деле надо.

Только без фанатизма.

«И все-таки практиковать такие каникулы не рекомендуют людям с атопичной кожей, экземой и другими состояниями, в случае которых специальный уход нужен. Косметическое голодание скорее подойдет тем, у кого кожа в принципе неприхотливая и не реактивная. Если это ваш случай, то "голодание" поможет прийти к минимализму в уходе и заодно экономить деньги»[13].

Кафе и рестораны

Еще одна популярная категория. В целях оптимизации многие принимают решение есть только домашнюю еду. И вот коллеги весело собираются на обед, а вы плететесь к холодильнику за пластиковым боксом. Или подруги встречаются в кафе, а вы ужинаете дома в одиночестве. Не всем это подойдет.

Попробуйте не лишать себя социализации, а лишь ограничить бюджет выхода и постараться в него уложиться. Возможно, придется отказаться от десерта или от второго бокала вина, но это даже на пользу.

Образование, онлайн-курсы

Новый тренд в расходах — онлайн-образование.

Одна девушка написала: «Покупаю много программ и не успеваю их проходить. Наверное, мне нужен курс по тайм-менеджменту». Ага, еще один!

Онлайн-образование — новый социально одобряемый формат развлечений: «Я же учусь! Вкладываю в свое развитие!» Вот только половина денег потрачена впустую, потому что на все курсы просто-напросто не хватает времени.

И мне это знакомо. Я прохожу много профессиональных курсов, а еще хочется искусство, и нетворкинг, и гимнастику для лица. «Драмкружок, кружок по фото, а мне еще и петь охота…»

Когда в нескольких программах я не дошла даже до середины, то придумала такие правила:

- Проходить не больше одного курса одновременно.
- Сначала искать бесплатную информацию. А потом, уже немного освоившись в теме, брать платный курс. Где-то по дороге интерес к теме может и рассеяться — платить не придется.
- Платный курс брать с обратной связью. Все-таки это возможность задать вопросы и разобраться с помощью преподавателя. Иначе просто открывай YouTube и учись чему хочешь.
- Ну и, как всегда, несколько раз задать себе вопрос: «А оно мне действительно надо?»

Надеюсь, все перечисленные способы помогут вам взять расходы под контроль. А если у вас есть свои работающие лайфхаки — пожалуйста, расскажите мне на hello@devushkasdengami.ru, и я поделюсь ими в блоге.

ПЛАНИРОВАНИЕ БЮДЖЕТА

Да, он из тех людей, которые не умеют разумно тратить. Хорошее место. Постоянный доход. Вполне достаточно как для основных нужд, так и для роскоши. Не особо расточителен. И все же парень постоянно в материальных затруднениях. Каким-то образом он не может извлечь толк из своих денег. Превосходная квартира — наполовину пуста! Всегда выглядит как старьевщик. Новый костюм — старая шляпа! Великолепный галстук — мешковатые брюки! Приглашает вас на обед: хрусталь — и скверная баранина или турецкий кофе — и треснутая чашка! Он не может этого понять. Разгадка проста: он растрачивает свой доход по мелочам. Хотел бы я иметь половину! Я бы ему показал…

Беннет Арнольд[14]

Планирование бюджета — это решение, как рационально и эффективно использовать заработанные деньги, как обеспечить текущие потребности и заодно подготовиться к возможным жизненным поворотам.

Мы уже обсудили, что плохо контролируем свои расходы. Кажется, реклама и социальные сети лучше нас знают, на что потратить деньги. Современной девушке хорошо бы на что-то опереться, когда она заходит в торговый центр или на сайт онлайн-магазина. И это «что-то» — бюджет. Продуманный дома, в спокойной обстановке. Это важно по нескольким причинам.

Отсечь лишние траты

Представьте: в трезвом уме и твердой памяти вы рассчитали бюджет на покупку косметики и решили его придерживаться. Тогда вам не страшно временное помутнение сознания при виде плаката

«Три блеска для губ по цене двух!». Вы решительно проходите мимо и покупаете именно то, что запланировали. Это хорошая защита от лишних трат и лишних тюбиков.

Определить приоритеты

Отпуск или досрочный платеж по ипотеке? Английский детям или новое пальто?.. Сложно принять верное решение в моменте, особенно когда коллега хвастается свежим загаром. Но если вы заранее в спокойной обстановке построили перспективу ближайших месяцев, вас не сбить с толку. Помню, меня впечатлила фраза коллеги: «Да, хотелось бы уже поменять машину, но мой Excel показывает, что пока не время». Уровень!

Часто слышу возражение: «Но это лишит меня спонтанности!» Не соглашусь. Бегать по знакомым и занимать до зарплаты — вот это лишено спонтанности. А разумный план и запас наличности как раз дают свободу и легкость.

Проявить изобретательность

Сумма, выделенная на рестораны, закончилась к 20-му числу? Ничего, можно пригласить друзей на ужин домой. Поджимает бюджет на продукты? Отличный повод составить меню на неделю и разгрести наконец запасы круп и консервов. Банка фасоли или пачка спагетти точно найдутся. Вместо кинопремьеры — сериал дома, а вместо крема для рук — остатки крема после загара из отпуска.

Принцип осмотрительности

В бухучете существует принцип осмотрительности, и его хорошо бы использовать при планировании личного бюджета. Особенно это пригодится тем, у кого доходы непостоянные:

- Доходы закладываем только те, в которых максимально уверены. Например, я не знаю, получу ли в этом месяце гонорар за статью. Поэтому не вношу этот доход в бюджет, не рассчитываю на него.

- А вот расходы включаем все, и гарантированные, и те, в которых сомневаемся. Я могу быть не уверена, понадобится ли в этом месяце визит к стоматологу, но на всякий случай имею его в виду, включаю в бюджет.

Действуя таким образом, мы занижаем доходы и завышаем расходы. Оцениваем пессимистично или, как говорят, консервативно, осторожно. Это бюджет, который, скорее всего, изменится, но всегда в лучшую сторону. За статью могут заплатить, а врач не понадобится. Вы в неожиданном плюсе — приятно!

Выберите свою систему планирования бюджета

Я хочу подчеркнуть: бюджет — это необязательно подробный файл Excel. Он-то всех и пугает. Девушка представляет, как вместо интересного сериала или свидания ей придется сводить дебет с кредитом и подсчитывать остатки на калькуляторе. Кто же захочет с этим связываться!

Обрадую вас — бюджет можно планировать с той степенью детализации, какая вам комфортна. А вот уровень комфорта придется все же выяснить на практике. Это всего лишь система, набор принципов. Вот они, если кратко:

- Первое — отложить на сбережения.
- Второе — отложить на необходимые расходы.
- Третье — оставшимися деньгами распорядиться как угодно.

В книге «Самый богатый человек в Вавилоне»[15] описана наиболее простая система планирования. Что неудивительно: тогда не то что приложений — бумаги не было. Люди вели записи на глиняных табличках (те, кто умели писать, конечно). Сложная система просто не прижилась бы, поэтому она выглядела так: «Их (деньги) я разделил на части, согласно плану. Одну десятую я отложил для себя, семь десятых мы распределили с женой для расходов на жизнь. Две десятых я разделил между заимодавцами по всей справедливости, насколько позволяли медные монеты».

Иными словами:

- Отложи десятую часть на сбережения.
- Две десятых направь на погашение долгов (если они есть).
- Живи на семь десятых от дохода.

Всё. И крестьяне, и кузнецы с этой системой справлялись и достигали процветания.

А вот еще несколько подобных систем. Более сложных, так как они современные. Выбирайте, какая подходит вам.

Метод шести кувшинов

Все доходы делим на шесть частей.

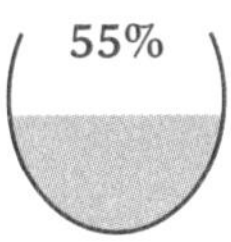

Текущие расходы. Все, что требуется из месяца в месяц. Продукты, квартплата, одежда, аренда, транспорт, медицина, парикмахер, няня и т. п.
У каждой из нас свой список — вспоминаем свою матрицу бюджета

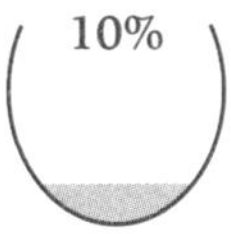

Финансовая свобода. Наиважнейший кувшин. Это деньги для инвестиций; за их счет постепенно формируется ваша безбедная старость и пассивный доход

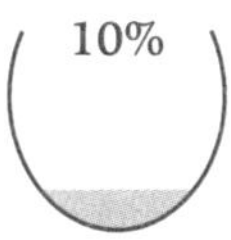

Образование. Не забываем, что мы — самый главный свой актив, поэтому в себя не грех проинвестировать. Курсы, книги, тренинги, языки, повышение квалификации — все входит сюда

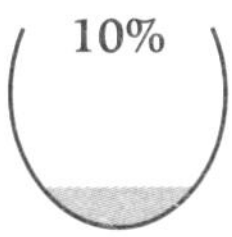

Резервный фонд. В этом кувшинчике лежит резерв на непредвиденный случай. И здесь же откладываем на крупные покупки (отпуск, машина, новый iPhone или новые зубы)

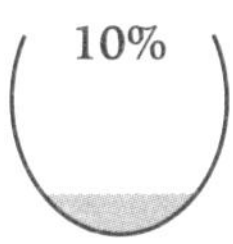

Развлечения. Это ужины в кафе, театральные премьеры, экскурсии, музыкальные фестивали и т. д.

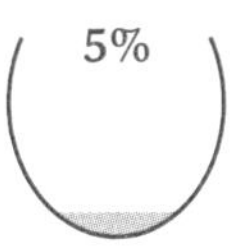

Благотворительность и подарки. Здесь всё просто

Метод «20–50–30»

Тут попроще — всего три части. Придумала эту систему Алекса фон Тобель, основатель сервиса по планированию личных финансов LearnVest.

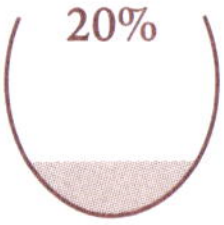

Сразу откладываем на инвестиции и сбережения

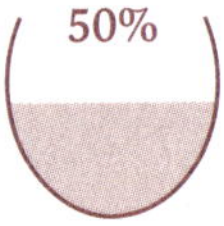

Максимум на обязательные расходы: аренду, кредиты, продукты, связь, транспорт, детский сад и т. д.

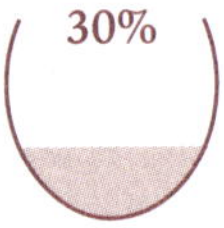

Life Style: рестораны, поездки, косметолог и всё остальное — приятное, но необязательное

С ростом доходов должна сокращаться доля обязательных расходов. Они будут занимать всё меньший процент бюджета. Известно, что бедные люди тратят на продукты 90% доходов, в то время как состоятельные — не больше 10%.

Метод «60–10–10–10–10»

Этот метод похож на кувшины, только категории немного другие. Его предложил финансовый консультант Ричард Дженкинс. Способ еще называют 60% Solution, потому что на текущие расходы рекомендуется отводить 60% доходов, а оставшиеся 40% делить на четыре равные части.

60%	*Текущие расходы*
10%	*Пенсия.* В США есть разнообразные программы пенсионных накоплений. У нас придется самим придумывать, куда вложить. Но тем не менее деньги выделим
10%	*Крупные покупки.* Здесь копим на ремонт, на ипотеку, на машину. Долги и кредиты тоже выплачиваем из этой части
10%	*Нерегулярные расходы.* Это деньги на всякий случай. Если понадобится чинить машину или зуб, покупать подарок на юбилей. Это, видимо, как раз моя любимая «подушка безопасности». Ее еще называют финансовой защитой
10%	*Развлечения.* Ну, тут все понятно

Дженкинс считает, что нет необходимости вести детальный учет расходов, главное — уложиться в магическую цифру 60%. Тогда на все остальное хватит.

Вообще, любая система планирования рекомендует отводить на текущие расходы примерно половину бюджета. И обязательно закладывать часть на сбережения и инвестиции. А уж дальше — хотите отпуск, подарки или тренинги.

Все эти правила и системы нужны только для того, чтобы вы могли взять что-то за основу и наконец начать действовать.

ЧТО ДЕЛАТЬ С ПРЕМИЕЙ

Есть ли инструкция, как распорядиться ей правильно? Не только премией, а любыми дополнительными деньгами, которые сверх регулярных доходов и которые так хочется потратить.

Как не надо

Не стоит спонтанно покупать дорогие вещи (технику, одежду, дарить дорогие подарки) — пожалеете потом, что потратили все без пользы.

Как лучше

- Если есть долги и кредиты, часть денег выделить на погашение;
- часть выделить на инвестиции и сбережения, пополнить копилку и брокерский счет;
- если нет пока сбережений, то премия как раз может стать первым взносом в «подушку безопасности», так проще начать;
- часть потратить на что-то полезное: путешествие, абонемент на спорт, курс массажа, образование, ремонт и т. д.;
- процентов 10–20% потратить просто так, на развлечения, веселье, удовольствие.

СБЕРЕЖЕНИЯ

Я открыл дорогу к богатству, когда решил, что часть всего, мною заработанного, я должен оставить себе. И ты запомни это.

…

«Но ведь все, что я заработал, мое, разве не так?» — спросил я.
«Далеко не так, — ответил он. — Разве ты не платишь портному? А обувщику? Разве не платишь ты за еду? Можно прожить в Вавилоне, не расходуя денег? Что осталось у тебя от тех денег, что ты заработал в прошлом месяце? А от прошлогоднего заработка? Дурак! Ты платишь всем, кроме себя. Глупец, ты работаешь на других. Это то же самое, что быть рабом и работать на своего хозяина за еду и одежду.

Джордж Клейсон

Тратьте меньше, чем зарабатываете, — вот вам и философский камень.

Бенджамин Франклин

Ну что ж, из кредитов выбрались, давайте о сбережениях поговорим. «Скуууучно… Это наши родители откладывали на черный день, а я хочу жить сегодня. Вот буду много зарабатывать — тогда и отложу». Так не пойдет! Сбережения — первое и главное условие финансового здоровья. У вас может не быть цели купить загородный дом, вы не планируете покупать ни одной акции, а в старости вообще собираетесь жить на пенсию. Но запас денег на всякий случай у вас должен быть.

Наверняка вы замечали, что одни девушки живут с приятным ощущением «деньги есть», а другие вечно изнывают от безденежья. И при этом не скажешь, что первые богатые, а вторые — бедные. Некоторые и со скромным достатком умудряются жить без кредитов, делать крупные покупки, да еще и одалживать друзьям до зарплаты. Секрет прост: такие люди регулярно откладывают часть доходов. А другие тратят все подчистую, руководствуясь слоганом «Я этого достойна».

Общий принцип должен быть таким: тратить меньше, чем зарабатываете. Или зарабатывать больше, чем тратите, это уж кому что подходит. Я предпочитаю работать в обоих направлениях.

Так вот. Считается, что при любом доходе можно отложить 10%, и это больше вопрос дисциплины, чем суммы.

Сбережения часто называют «деньгами на черный день», что многих демотивирует. Кому же хочется представлять нищету, катастрофы или, не дай бог, похороны. Откладывать на черный день не слишком-то интересно. Если же ради этого еще и экономить придется… ну уж нет! А вот американцы называют сбережения «деньгами на дождливый день» — вроде зонта на случай непогоды — и откладывать сразу веселее.

И все же, как говорил Форрест Гамп, shit happens. На работе сокращение, у ребенка температура, машину поцарапала в аварии, муж подает на развод, в стране очередной кризис… Продолжите сами. Такое случается.

Деньги не уберегут от несчастий и кризисов, но помогут их преодолеть и достойно пережить. Как говорится, «если проблема решается деньгами, то это не проблема, а расходы». Сбережения — ваша страховка на случай жизненной аварии. Их так и называют — «подушка безопасности». Она позволит сохранить прежний уровень жизни, пока ситуация не выровняется. Вы сможете спокойно искать работу, заниматься разводом или ремонтом, расходуя заранее отложенные деньги.

Но что мы все о грустном? Бывают и удачные повороты в жизни, и к ним тоже хорошо бы быть готовой. Подруги зовут в перспективный проект, знакомые недорого продают машину, вам предлагают работу мечты, но со снижением дохода на первое время. Чтобы воспользоваться такими шансами, нужны деньги. А у вас они как раз есть — и это здорово!

Существует еще несколько достойных поводов приобрести привычку откладывать деньги.

Стать спокойнее и увереннее

Только начните, и вы почувствуете, насколько приятно иметь деньги, которыми вы вольны распоряжаться. Это свобода, независимость, уверенность, да и снижение уровня стресса в целом.

«Я формировала свою "подушку безопасности" из расчета 6 месяцев и очень рада, что начала это делать больше года назад. Сейчас временно без работы, но могу сохранять комфортный уровень жизни, даже если понадобятся не все деньги».

«Наличие "подушки безопасности" меняет картину мира, потому что в ней появляются деньги. Я чувствую себя совсем другим человеком с тех пор, как начала откладывать и инвестировать. Это как глоток свежего воздуха. Знаю, что за мной что-то стоит, что, работая, оставляю для себя пользу и перспективу».

«На данный момент у меня есть запас прочности примерно на 6 месяцев; некоторую сумму я сразу перевожу в доллары, чтобы не потратить, а остальное держу в рублях, так как периодически использую, возвращая обратно. С данной "подушкой" я чувствую себя уверенно и стараюсь постоянно переводить в нее около 10–15% от зарплаты».

Укрепить финансовую дисциплину

Ведь чтобы откладывать регулярно 10% доходов, нужна организованность: грамотно распределить расходы, отказаться от ненужных трат, определить приоритеты.

Обуздать страсть к покупкам

Да-да, это только кажется, что «были бы деньги, уж я бы сразу нашла, на что потратить». В действительности все получается наоборот. Пока у вас нет сбережений, взять iPhone в кредит проще простого: «Денег все равно нет, хоть в кредит возьму, терять нечего». Но представьте, что 90 тысяч уже накопились у вас на счету. Вряд ли захочется тратить их на новый гаджет. Они ж свои, родные.

Надеюсь, идеей сбережений вы прониклись? Тогда идем дальше.

С чего начать?

Определите, сколько вы будете откладывать в месяц или с каждого дохода. Сделайте это, чтобы не метаться каждый раз: «Отложить тысячу или пять?» — и не размышлять: «Сейчас потрачу, а в следующем месяце отложу побольше». Пока вы сомневаетесь, растет риск снова все потратить. Выберите «ставку»: 5, 10, 15% — по большому счету для начала не так важна сумма, как намерение и регулярность.

Отложите запланированную сумму сразу, как только получили деньги. Самый успешный в мире инвестор Уоррен Баффетт говорит: «Не пытайтесь откладывать деньги после того, как вы их потратили».

Автоматизируйте процесс. Настройте в онлайн-банке автоматические отчисления 10% со всех поступлений на отдельный сберегательный счет, а дальше банк все сделает за вас. Вы живете как раньше, а деньги сами собой откладываются.

Так сколько надо накопить?

Классическая рекомендация — отложить сумму, на которую вы сможете прожить 3–6 месяцев в случае потери дохода. И хорошо бы эту рекомендацию (как и любую другую) примерить к своей жизни, к своим обстоятельствам. Подумайте, за какое время вы сможете встать на ноги:

- если у вас востребованная профессия, нет кредитов, детей и есть жилье, может быть достаточно и суммы в размере бюджета на два месяца;
- а вот если у вас дети, няня, ипотека и редкая специальность, лучше иметь запас побольше, месяцев на 6–9.

Напротив, если у вас уже есть крупная сумма, не стоит всю ее держать на «черный день». Выделите разумную часть на «подушку безопасности», а остальное инвестируйте.

Некоторых сумма на три месяца останавливает и пугает: «Если я откладываю по 10% в месяц, это мне что, три года копить?» Да, именно так. Но это не причина не начинать!

Три года потребуется, если ваши доходы не изменятся, если не будет ни премий, ни дополнительных заработков. В конце концов, через три года у вас либо будет «подушка», либо нет. Что лучше? Кстати, так и хочется спросить, что мешало вам откладывать последние 5 лет?

В конце концов, думайте не об итоговой сумме, а о том, что развиваете важный навык и формируете полезную привычку: закладываете фундамент финансовой независимости.

Где хранить?

«Подушка безопасности» — это не инвестиции. Тут не так важно заработать, как сохранить и не потерять. Этими деньгами не стоит рисковать, они должны быть доступны при первой необходимости. Поэтому мы не покупаем на них акции, не вкладываем в бизнес и в долгосрочные сомнительные схемы. Будем проще!

Пополняемый вклад в вашем банке

Вы копите и еще получаете проценты. При досрочном закрытии вклада проценты теряются — вот и мотивация не трогать сбережения без весомой причины.

Валюта

К сожалению, рубль не может нас порадовать стабильностью. И воспоминания о кризисах 2008-го и 2014 года еще свежи. Поэтому держать часть сбережений в валюте — необходимость, страховка от падения курса рубля. Да и сохранность сбережений повышается в разы — менять доллары туда-сюда невыгодно, пусть это вас остановит.

Мама

Вариант для тех, кого ни потеря процентов, ни потери на обменном курсе не останавливают, — отдавайте деньги маме. Чтобы забрать их обратно, потребуются неоспоримые доводы.

Карта с процентом на остаток

Это вариант для самых дисциплинированных. Можно часть держать наличными, если только не начнете таскать оттуда понемногу.

Еще заранее разберемся с возможными «непреодолимыми препятствиями», а проще — отговорками, которые могут помешать откладывать.

У меня слишком маленькая сумма

Вовсе нет. Если 3 тысячи в месяц класть на депозит, скажем, под 7% годовых, через 30 лет у вас будет **3 659 812 рублей!** Из них только 1 миллион — ваши деньги, а 2,6 миллиона — проценты.

Я не зануда

Некоторые думают, что откладывание денег и вообще контроль над финансами лишит их спонтанности. Не соглашусь. Чувствовать себя свободной и независимой — круто.

У меня нет лишних денег

Если и правда каждая копейка на счету и отложить совсем нечего — признайте, ваше финансовое благополучие под большим вопросом и вы сильно рискуете. Пока не поздно, серьезно подумайте над повышением доходов или найдите источник дополнительного заработка — уж пару тысяч рублей в месяц точно можно выкроить.

А теперь, вот прямо сейчас, отложите 10% имеющихся денег на отдельный счет. Ура, начало положено!

Как отложить 137 800 рублей в год?

Вот такой таблицей поделились подписчики. В ней 52 клетки — по количеству недель в году. В каждой клетке — та сумма, которую надо отложить. С шагом 100 рублей. Каждую неделю вы сами решаете, сколько можете отложить, и закрашиваете эту клетку.

К концу года все клетки должны быть закрашены, а на счету у вас окажется 137 800 рублей.

Такой алгоритм можно использовать для любой суммы и валюты.

100	1100	2100	3100	4100
200	1200	2200	3200	4200
300	1300	2300	3300	4300
400	1400	2400	3400	4400
500	1500	2500	3500	4500
600	1600	2600	3600	4600
700	1700	2700	3700	4700
800	1800	2800	3800	4800
900	1900	2900	3900	4900
1000	2000	3000	4000	5000
				5100
				5200

Как выбрать банк для депозита

Текущие предложения по вкладам удобно смотреть на banki.ru.

Есть два основных критерия выбора банка:

- годовая процентная ставка;
- участие банка в системе страхования вкладов.

Система страхования вкладов

Деньги в банках до 1,4 миллиона рублей застрахованы государством. Если с банком что-то случается (банкротство или отзыв лицензии), государство вернет вам деньги через Агентство по страхованию вкладов (АСВ). В эту систему входят практически все российские банки, так что можете спать спокойно.

Важно: в сумму 1,4 миллиона входят все деньги на счетах, вклады и проценты по ним. Валютные сбережения будут пересчитаны в рубли по курсу ЦБ на день отзыва лицензии.

Но я бы добавила еще и третий пункт — удобство. Действительно удобно выбрать крупный надежный банк из топ-20 и спать спокойно, не гадая, вернут ваши деньги в случае чего или нет.

А еще очень удобно, если для пополнения вклада не надо ехать на другой конец города или платить комиссию за межбанковский перевод. Для пополняемого вклада я бы выбирала тот же банк, куда приходит зарплата (или поступает любой другой доход).

Как покупать валюту

Регулярно, невзирая на курс. Не пытайтесь поймать самый выгодный момент, не мучайтесь вопросом: «А вдруг завтра будет лучше?»

В сентябре 2018-го курс доллара был 69, в октябре упал до 65 и снова вырос до 69 в декабре 2018-го. Если на каждый скачок реагировать, никаких нервов не хватит, я проверяла. Поэтому теперь смотрю на это так: «О, доллар вырос» или «О, доллар упал» — как на погоду «О, дождь пошел».

Купили — и забыли до следующего месяца. Так вы применяете «стратегию усреднения цены», получая более выгодный средний курс. И нервы сохраняете. Бесценно!

Для обмена крупной рублевой суммы рекомендация та же самая. Усредните курс. Разбейте сумму на несколько платежей и сделайте несколько закупок — за несколько недель, например.

Покупать валюту проще всего в онлайн-приложении банка: курс там лучше, чем в обменнике, и операция занимает ровно минуту. Еще валюту можно приобрести на бирже через брокера, но это уже третья часть книги.

ЧАСТЬ 3

в которой
мы знакомимся
с инвестициями
в ценные бумаги,
разбираем ошибки,
развенчиваем мифы
и учимся «как надо»,
а еще составляем
свой первый портфель
и убеждаемся,
что все не так уж
страшно

ДОПОЛНИТЕЛЬНОЕ ВСТУПЛЕНИЕ

Считаю, что часть про инвестиции заслуживает отдельного вступительного слова. По своему опыту я понимаю, что между девушкой и инвестициями стоит некий психологический барьер. Нам особенно сложно начать.

Помню, когда я читала свои первые книги о финансах, меня еще более или менее хватало на главы про ведение бюджета и про сбережения, но вот в части инвестиций начинались слишком умные слова и таблицы, становилось скучно, книгу я забрасывала. Зря, конечно. Сама себя лишала шанса разобраться и упускала время.

В итоге, накопив некоторую сумму на счетах, я решила, что пора бы ее уже вкладывать, а не просто пополнять. Пусть деньги работают. Знакомый порекомендовал менеджера в брокерской компании.

Я помню эту встречу. Большую часть разговора я просто кивала головой. Менеджер сыпала терминами «структурные ноты», «бонды», «инвестпрофиль», «хеджирование рисков», рассказывала о неких выгодных предложениях, которые не стоило упускать, предлагала вклады и страхование — я была ошарашена. Все, что я могла, это отвечать «Очень интересно, пришлите мне, пожалуйста, информацию на почту». Мне открыли брокерский счет, показали, какие приложения установить, и дали реквизиты для перевода денег. Я плохо понимала, что делать.

Где-то год у меня ушел на то, чтобы понять:

- в каждом продукте есть нюансы, о которых вам не рассказали;
- важны комиссии, но не менее важны и примечания;

- не надо чуть что продавать бумаги: цены идут то вверх, то вниз;
- кажется, я могу сама решать, куда вкладывать свои деньги.

И вы тоже это поймете, но лучше *до того*, как успеете вложить деньги куда бы то ни было.

Это часть для девушек с четвертой ступени финансовой эволюции, для тех, у кого есть свободные деньги. А как только они появляются, сразу возникает вопрос: что с ними делать?

Вы наверняка замечали, что, пока нет плана, деньги тратятся на что попало. Если вы привыкли нести их в торговый центр, в онлайн-магазин или в салон красоты, то сперва будет непросто положить деньги на банковский вклад или вложить в ценные бумаги. Новые привычки требуют времени.

Я старалась написать эту часть понятно, сделать ее нескучной и полезной. Не буду вас напрасно обнадеживать обещаниями, что, прочитав следующие 20 страниц, вы все поймете об инвестициях. Не такую цель я преследую.

Инвестиции — тема обширная, ее можно изучать годами, все время открывая новые нюансы. Тут возникает аналогия с питанием. Можно глубоко погружаться в теорию, штудировать устройство пищеварительной системы и процесс расщепления глюкозы, выбирать между палеодиетой, макробиотикой и интервальным голоданием. Устать от количества информации, противоречий, разочароваться — и лечь на диван с бутербродом.

А можно, не тратя лишнего времени на детали, следовать простым правилам: меньше есть, больше двигаться и выбирать яблоко вместо эклера. И результат будет, и голову ломать не придется. Вот и я попробую объяснить подобные общие принципы в инвестировании. Я хочу показать, что все не так уж сложно, что каждая девушка может инвестировать, что размещение денег — это просто и выгодно.

Мы познакомимся с основными инвестиционными инструментами — акциями и облигациями. Разберем, как они работают, как собрать базовый портфель без лишних усилий. Выясним, кто такой брокер, зачем он нужен и как выбрать подходящего. Без этого никак. Зато вы не только повысите уровень финансовой грамотности, но и сможете блеснуть в компании новыми словечками.

Здесь не будет сложных расчетов, но будет общая картина: с чего начать, куда бежать и кому какие задавать вопросы. Я писала эту главу, представляя, что рассказываю про инвестиции сестре или маме. Надеюсь, и вам она понравится, будет легко и интересно.

ЗАЧЕМ ЭТО ВСЕ?

Но сначала, как всегда, ответим на вопрос: а зачем вообще инвестировать? Учиться, волноваться, рисковать, если можно положить деньги в сейф или в банк?

Можно. Вот только деньги в сейфе обесцениваются, вы постоянно несете убытки. Официальный прогноз инфляции на 2019 год — 5%. Значит, каждая тысяча в сейфе под конец года превратится в 950 рублей. Обидно.

Инвестиции — это способ заработать больше, чем успеет «съесть» инфляция, и больше, чем может дать банковский вклад. А это значит, вы сможете:

Быстрее достигать своих целей

Если просто откладывать в сейф деньги на первый взнос за квартиру, скажем, по 30 тысяч в месяц, через три года у вас накопится 1,08 миллиона рублей. А если те же 30 тысяч вкладывать в облигации под 9%, а еще получить налоговый вычет через индивидуальный инвестиционный счет, будет 1 234 000 рублей. Или вы достигнете миллиона на 5 месяцев раньше!

Получать пассивный доход

Вы лежите на пляже или сажаете пионы на даче, а на ваш счет постоянно поступают деньги — купоны или дивиденды.

Переключить сознание с потребления на создание капитала

Самая мощная трансформация, которая происходит с девушками: «Раньше я думала “что бы еще купить”, а теперь “куда бы еще вложить”».

Открыть для себя новую сферу жизни

У вас появится новая тема для разговора с подругами. Недавно как раз поймала такой момент. Пятница, вечер, бар — а мы сидим и показываем друг другу свои приложения для инвестиций: «Вот у меня золото, вот такие фонды покупаю, а вот валюта…»

ВО ЧТО ВКЛАДЫВАТЬ?

Наверняка вы не раз слышали, что «надо вкладывать в активы». Активами обычно называют любую крупную собственность — машины, дачи, квартиры. Иногда образование. И получается, что купить большую дорогую квартиру — классно. Дом в Испании — замечательно. Новая машина — здорово. Но как эти активы скажутся на вашем финансовом положении? Большая квартира потребует большого ремонта, много диванов и ковров, оплаты коммунальных платежей и налога. Дом в Испании будет тянуть деньги на охрану территории, уборку, чистку бассейна. Для машины придется покупать бензин и страховку, парковку, техосмотр и шиномонтаж. Фактически, накупив таких активов, вы лишь столкнетесь с возросшими финансовыми обязательствами. Непринужденная жизнь в достатке снова отодвинется в будущее, а вам придется работать еще усерднее, чтобы суметь все это содержать.

Путаница и проблемы возникают по простой причине: не все активы одинаково полезны. Девушке с Деньгами интересны лишь те, что будут приносить постоянный пассивный доход. Доход, который не будет зависеть от ее участия, ради которого не надо каждый день работать.

Дом в Испании может приносить доход, если его сдавать. И когда доход от сдачи покроет расходы, появится положительный денежный поток. В этом случае дом станет настоящим прибыльным активом.

Что может приносить пассивный доход:

- банковские вклады;
- недвижимость (дом, квартира, земля);
- ценные бумаги;

- драгоценные металлы;
- бизнес, который работает без вашего активного участия;
- интеллектуальная собственность — права на книги, музыку, патенты.

Конечно, хорошо бы иметь в портфеле несколько вариантов.

В этой книге речь пойдет об инвестициях в ценные бумаги, потому что у них есть ряд преимуществ. Они доступны, не требуют большого стартового капитала (как недвижимость) или значительных усилий (как бизнес). В ценные бумаги можно инвестировать через мобильное приложение, уделяя этому час в месяц. Это может быть так же просто, как регулярная покупка валюты. Именно такой подход мы и будем изучать.

Но сначала — техника безопасности.

А ВЫ ГОТОВЫ?

Инвестиции — это интересно и выгодно. Но, надо признать, инвестиции не для всех. Как бы вам ни нравилась эта тема, не стоит ввязываться в некоторых случаях.

Если у вас куча незакрытых долгов

В тяжелой финансовой ситуации люди кидаются инвестировать от безысходности, надеясь быстро разбогатеть и разом решить все проблемы. «Работать не хочу, зарабатывать не умею, разбираться в финансах скучно. Хочу быть владычицей морскою!» Итог сказки все помнят.

Соответственно, люди ввязываются в авантюры, быстро все теряют и уходят с рынка в еще большем унынии и с убеждением, что инвестиции — это обман и лотерея, а заработать на них невозможно.

Если у вас нет «подушки безопасности»

Предположим, у вас есть 100 тысяч свободных денег и вы все их вложили в ценные бумаги. Рынок — штука непостоянная, бумаги растут и падают, бывают периоды подъема, а бывают кризисы.

Может случиться так, что в момент падения у вас вдруг возникают непредвиденные расходы. На стоматолога, например. «Подушки безопасности» нет, придется выводить деньги из инвестиций. Вы вынуждены будете продать бумаги по низкой цене, в итоге — убыток и плохое настроение.

Еще раз вы убедились, что «правильно сосед говорил»: инвестиции — полная ерунда.

Если у вас нет свободных денег

Инвестиции — это надолго. Лучшие результаты получают долгосрочные инвесторы — это 5, 10, 20 лет, а то и больше. Значит, в ближайшее время вы не должны нуждаться в этих деньгах. А еще хорошо бы регулярно пополнять портфель, чтобы он рос побыстрее. Пока вы живете впритык, пока доходы равны расходам, вы просто не сможете этого осуществить. Но и спокойно наблюдать за падением портфеля вы тоже не сможете — заберете все деньги при малейшем намеке на потери.

В общем, инвестиции для тех, кто чувствует себя достаточно устойчиво в финансовом плане, у кого есть постоянный доход и возможность часть денег вкладывать надолго, не теряя в качестве жизни.

ОПАСНЫЙ МИФ

И еще одно предупреждение (многовато получается, но без него никак). Самый вредный миф об инвестировании — что это возможность стремительно разбогатеть, ничего не делать и зарабатывать миллионы.

МИФ

Потягивая пинаколаду на мексиканском пляже, небрежно, в пару кликов вы совершаете несколько сделок (удачных, само собой) и отключаете sms-уведомления, чтобы звон от поступающих на счет денег не мешал любоваться закатом.

Отличный сюжет для красивого рекламного ролика. Именно эта идея и привлекает все новых и новых адептов на фондовые рынки. Я тоже хочу, чтобы вы туда пришли, но не с мечтой о быстром богатстве, а с реалистичным планом, следуя которому постепенно сформируете достойный капитал. Кому-то повезет больше, кому-то меньше, но в выигрыше будут все.

Не слышала я историй, как кто-то купил квартиру, начал сдавать ее и стал миллионером. Или как кто-то затеял бизнес, а через месяц продал его за бешеные тысячи.

Мы знаем, что так не бывает. Чтобы купить квартиру, нужно сначала найти миллионы, и только потом она будет приносить регулярный доход. На добыче золота состояния делали во времена золотой лихорадки, а в бизнес потребуется вложить годы труда и нервов.

Но в инвестиции многие идут с надеждой удачно вложиться в новый Google или Amazon, сорвать куш и никогда больше не работать.

Так думают 90% участников рынка — и все они оказываются в минусе. Еще раз: 9 человек из 10 теряют деньги на фондовом рынке. Чтобы не оказаться в их числе, читаем эту главу внимательно.

РЕАЛЬНОСТЬ

Последовательные регулярные вложения, управление рисками и дисциплина сделают свое дело — вы получите свой капитал.

Некоторые из вас сейчас подумали: «Ну вот, раз миллионы недостижимы, зачем тогда за это браться?»

Я представляю некую среднестатистическую бабушку. Если бы она позаботилась заранее и сколотила состояние миллионов в пять рублей (для этого надо вкладывать по 3500 рублей ежемесячно в течение 30 лет под 8% годовых), сейчас она получала бы примерно 400 тысяч пассивного дохода в год. Да, это не вилла в Италии. Но это возможность ходить к хорошим врачам, лечить нервы в неплохом санатории и кататься к внукам на такси. Все же лучше, чем ничего. 5 миллионов тоже не мало, но за всю-то жизнь можно это реализовать.

Что можно успеть за 30 лет:

- 3000 рублей ежемесячно под 8% = 4 471 078 рублей.
- 5000 рублей ежемесячно под 8% = 7 451 797 рублей.
- 10 000 рублей ежемесячно под 8% = 14 903 594 рублей.

Так что даже с небольшими суммами стоит начинать инвестировать — лишними эти деньги не будут точно! А чтобы достичь успеха и не потерять вложения, разберем главные принципы и ошибки инвестирования.

КАК НАДО

«Получила первые дивиденды и купоны по облигациям. Это копейки, но это так здорово! Год назад я даже представить себе не могла. Самое главное, что я поняла, — это реально работает!»

Инвестировать вдолгую

Время — ваш лучший друг.

Деньги способны размножаться. Вы «сеете» (инвестируете) первое поколение денег, а потом они приносят все новые и новые урожаи. Интуитивно понятно, что на размножение потребуется время. И время важнее суммы.

Сравним две истории.

Аня, 21 год

- Инвестирует 60 000 рублей в год на протяжении 10 лет, по 5 тысяч ежемесячно;
- потом деньги просто лежат под процентами.

Итого: вложения 600 000 рублей.

Маша, 21 год

- Не думает о накоплениях до 35 лет;
- потом спохватывается и начинает инвестировать по 60 000 рублей в год. И делает так 20 лет.

Итого: вложения 1 200 000 рублей.

Как думаете, кто лучше устроится на пенсии? К 55 годам на счету у Ани будет 4,6 миллиона, а у Маши — 2,6 миллиона. Почувствуйте разницу! Аня заработала на 80% больше, хотя вложила в два раза меньше. Как же так вышло?

Время увеличивает эффективность вложений. Если полученные проценты дохода вы не тратите, а снова инвестируете, то начинают работать сложные проценты.

Сложные проценты —
это самая могущественная сила
во вселенной.

Альберт Эйнштейн

Сложные проценты — как это работает

- Вы вложили 100 рублей под 10% годовых.
- Через год у вас уже 110 рублей (100 ваших и 10 набежали процентами).
- Если проценты не тратить, а тоже вложить, то на второй год у вас будет 121 рубль (100 ваших, 21 процентами).

Вот так это будет выглядеть в перспективе 20 лет. Как видите, со временем эффект сложного процента становится все более заметным.

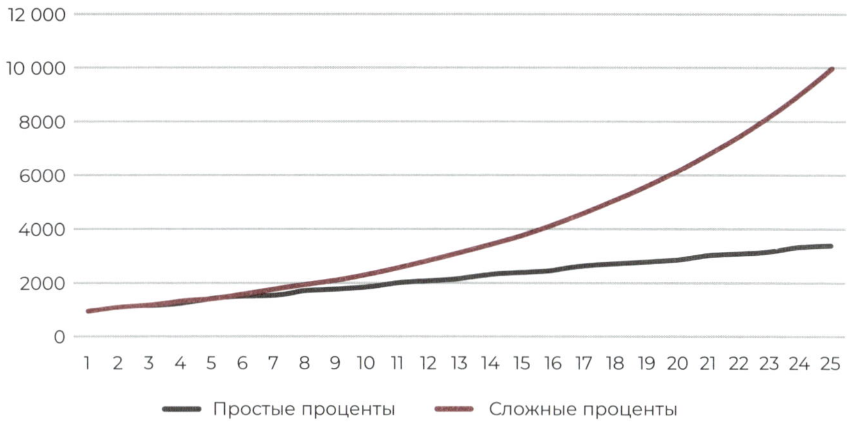

А — вы снимаете проценты;

В — вы оставляете проценты на вкладе, капитализируете их.

Деньги Ани успели как следует поработать. А 14 лет, упущенные Машей, вылились в заметные потери. Так работает сложный процент.

Поэтому, если вы молоды, начинайте инвестировать, пусть время сделает свою часть работы. Если не молоды, тем более начинайте, тянуть уже некогда.

Помните золотое правило «Риск равен доходности»

Можно запомнить только его, и вы всегда сможете отличить надежное вложение от рискованного, а разумный риск — от финансовой пирамиды.

Чем выше потенциальная доходность, тем выше потенциальный риск.

Высокий процент — это премия за риск. Как говорится, «кто не рискует, тот не пьет шампанского». И наоборот: деньги, вложенные надежно, будут давать невысокую доходность. Вспомним банковские вклады — они достаточно надежны, но процент небольшой.

Не бывает, увы, чтобы надежное вложение приносило высокие проценты. И если вам такое обещают, значит, нагло врут. Финансовые пирамиды действуют именно так: гарантируют космические прибыли — 600% годовых, собирают первые миллионы с доверчивых и жадных инвесторов, а потом исчезают в офшорных далях.

Подумайте, если бы 600% были правдой, стал бы кто-то заниматься бизнесом, строить дома, выращивать брокколи, производить iPhone и автомобили?

Как только вы видите доходность заметно выше ключевой ставки Центробанка, вам автоматически должно быть ясно, что риски здесь тоже высоки, есть шанс потерять деньги.

Ключевая ставка

Это главная процентная ставка страны. Ее устанавливает Центробанк, так он регулирует кредитно-денежную политику. Под такой процент ЦБ дает кредиты коммерческим банкам.

А так как банки, в свою очередь, выдают кредиты бизнесу и людям, ключевая ставка влияет и на процент по депозитам, и на проценты по ипотеке — на все вклады и кредиты.

На момент написания книги, сентябрь 2019-го, ключевая ставка в России составляет 7%. Текущее значение ключевой ставки можете проверить на сайте Центрального Банка России.

ПРАВИЛО 72

Есть такой математический лайфхак, чтобы быстро прикинуть в уме, когда удвоится ваш капитал при определенной процентной ставке. Вдруг вас это заинтересует.

Разделите 72 на годовую процентную ставку. Например:

- если вкладывать деньги на депозит под 6% — это целых 12 лет ждать удвоения (72 : 6 = 12);
- если инвестировать в облигации под 8% — уже лучше, капитал удвоится через 9 лет (72 : 8 = 9);
- если покупать акции с прогнозом 12% годовых — уже через 6 лет (72 : 12 = 6)!

Этот расчет работает в том случае, если проценты вы реинвестируете, а не тратите.

Для максимально амбициозных есть еще «правило 114» — аналогичным образом рассчитывается срок утроения капитала.

Диверсифицируйте вложения

Универсальный жизненный принцип «Не клади все яйца в одну корзину» работает и в инвестициях.

Не надо держать все сбережения в одном банке и в одной валюте!

Если половину сбережений вы храните в валюте, то при падении курса рубля потери будут не такими значительными.

Не стоит инвестировать в акции одной компании или одного сектора.

Скажем, купили вы акции нефтяных компаний — уравновесьте их акциями компаний из IT-сектора. Есть даже такой термин «наивная диверсификация» — когда инвестор думает, что его портфель достаточно диверсифицирован, потому что у него целых 10 компаний в портфеле. Вот только все компании из одного сектора. При кризисе в индустрии инвестор рискует потерять по всем фронтам.

Лучше не вкладываться в один инструмент — только в акции, или только в облигации, или только в криптовалюту, а сочетать в портфеле разные инструменты.

В общем, старайтесь разнообразить способы инвестирования.

Не полагайтесь на прошлые успехи

Продавцам финансовых продуктов приходится непросто. Гарантировать доходность они не могут, не имеют права, ведь никто не знает, куда пойдет рынок, что будет с экономической и политической ситуацией. Могут только предполагать — отсюда все эти «прогнозируемая доходность» и «ожидаемая доходность». А чтобы усилить впечатление, вам расскажут о прошлогодних достижениях или об успехах последней пятилетки, смотря где картина лучше. И кажется, что на такие данные можно опереться, но это ловушка.

Прошлые результаты не являются гарантией будущих успехов.

Такой текст-предупреждение будет прописан в каждом инвестиционном продукте, правда мелким шрифтом и где-то в самом низу.

Не важно, как давно и как успешно работает тот или иной инструмент, — его будущие результаты неизвестны. Скорее, даже наоборот, если бумаги долго и хорошо возрастали в цене, растет и риск болезненного обвала.

> Результаты инвестирования в прошлом не определяют доходы в будущем.
>
> Текст мелким шрифтом на сайте управляющей компании «ФинЭкс Инвестмент Менеджмент ЛЛП»[16]

КАК НЕ НАДО

Разберем и типичные ошибки, которые совершают все начинающие (и не только) инвесторы. Вы, скорее всего, тоже их сделаете, но хотя бы сможете проанализировать и убедитесь, что это не рынок плохой, а вы промахнулись.

Ошибка 1. Начинать без цели

Зачем вам деньги?

Это непростой вопрос. Одно дело — планировать покупку трехкомнатной квартиры через 5 лет или оплатить обучение дочерям-погодкам в 2030-м. В этих ситуациях известны суммы и сроки. И совсем другое дело, когда конкретных планов нет. Возможно, вы еще не решили, где хотите жить, детей пока нет, зато подумываете оставить офис работодателя в пользу собственного дела. Очень разные цели будут в этих случаях.

Даже для достижения одной и той же цели, например «сбережения на пенсию», стратегии и инструменты будут совершенно разными для студентки, у которой еще лет 40 впереди, и для 50-летней женщины, у которой всего десять лет до пенсии.

Не зная своих финансовых целей, вы рискуете выбрать неверную стратегию, кидаться от инструмента к инструменту, принимать решения по совету аналитиков, которые ничего не знают о вашей конкретной ситуации, слушать друзей, соседей и «интуицию». Такие метания ни к чему хорошему не приведут.

Про финансовые цели мы еще поговорим в конце главы, а пока просто начинайте размышлять, зачем вам деньги. Чего вы надеетесь с их помощью достичь и когда?

Ошибка 2. Слушать друзей, новости и аналитиков

Что они знают именно о вашей ситуации? Они сами специалисты? Журналистам важно поднять шум в новостях. Брокерам выгодно, чтобы вы совершили любую сделку. Друзьям хочется, чтобы не они одни вложились в акции «Рога и копыта». Но вам-то что?

Если перед вами стоит задача заплатить первый взнос по ипотеке через три года, тогда ваш инструмент — банковские вклады и облигации. А все, кто рекомендует вкладывать в акции, просто не в курсе ваших планов.

Любую рекомендацию надо примерять к своей собственной ситуации, прислушиваться, рассматривать варианты, но при этом идти своим курсом. По крайней мере вам некого будет винить.

Ошибка 3. Покупать дорого и продавать дешево

Эта ошибка опустошит ваши счета очень быстро. И ее постоянно совершают не только начинающие, но и опытные инвесторы. А все дело в эмоциях. Нас привлекают растущие акции и пугают падающие в цене. Когда акции дорожают, мы думаем: «Хорошие, наверное, не могут же все ошибаться. Надо брать». И берем. Покупаем дорого.

Увы, цена не растет бесконечно, она периодически падает. По разным причинам: или результаты квартала не очень, или угроза санкций нависла, или изменилось настроение инвесторов. Не так важно почему, но рост всегда сменяется падением. И чем стремительнее был рост, тем выше вероятность падения. Фактически, если что-то дорожает, оно становится все более рискованным. Но мы-то этого не знали, купили как все, а тут цена начала снижаться.

И вот вы наблюдаете, как ваш актив теряет 10, 20, 30% в цене. Становится страшно и, окончательно издергавшись, с мыслью «Хоть что-то спасу» вы продаете свои бумаги. Продаете дешево.

Едва вы смирились с потерей, как акции снова начинают расти в цене. Как так? Вы не верите своим глазам!

Возможно, в какой-то момент вы снова их купите на пике (ведь они так долго дорожают!) и снова продадите на падении (страшно все потерять!).

Несколько таких циклов — и у вас закончатся либо деньги, либо нервы, либо и то и другое. Вы уйдете с фондового рынка, разочаровавшись.

Кстати, такая ошибка вас подстерегает не только на бирже. Вспомните кризис на рынке недвижимости 2008 года или динамику цен биткоина. Стремительный рост (без особых на то оснований) сменяется не менее стремительным падением.

Жаль, я не знала этого в 2008 году, когда на пике цен купила квартиру.

Моя более чем скромная студия в сентябре 2008-го стоила 280 тысяч долларов, а уже через год цена упала на треть. Сейчас за эти деньги можно купить трехкомнатную квартиру в том же районе.

Ошибка 4. Не разобраться в условиях

Я понимаю, вникать неохота, слов непонятных много, графики... Так хотелось бы довериться профессиональным продавцам и менеджерам. Они умные, плохого не посоветуют. Но тут я вас расстрою.

В инвестициях, как и в косметологии, много терминов и мудреной статистики — специально для того, чтобы вы ничего не поняли. Косметолог ловко жонглирует понятиями, данными и результатами исследований. В крайнем случае дополняет непробиваемым аргументом «это современный профессиональный подход». И вы уже не сомневаетесь: он точно знает, что делать, такой профессионал не может ошибаться. А то, что профессионалу важны продажи, вы предпочитаете игнорировать — и напрасно.

И у менеджера в брокерской компании, и у менеджера в банке есть план продаж. Существуют выгодные для них продукты, комиссия за сделки, которые вы совершите. Они заработают в любом случае, не переживайте. А вам важно трезво оценивать издержки и риски. Даже если не очень понимаете суть предложения, как минимум стоит задать несколько вопросов:

- «Как я буду вносить и как забирать свои деньги?»
- «Какие комиссии я заплачу?»
- «Что будет при самом негативном сценарии?»
- «Какие налоги я должна буду заплатить? Как это надо будет делать?»

Убедитесь, что ответы вам понятны и прописаны в договоре. Условия мелким шрифтом читать обязательно, иначе лень вам дорого обойдется. Приобретите эту полезную привычку богатых людей, она сэкономит вам немало денег и нервов.

40% россиян не читают договор перед заключением финансовой услуги.

По данным ФОМ, 2016 год

Также обращайте внимание на то, как с вами разговаривает менеджер, какие слова он использует. В книге «Разумный инвестор»[17] приведен список фраз, которые не должен произносить грамотный финансовый консультант.

«Некоторые слова и фразы, часто звучащие из уст вашего консультанта, должны вас насторожить, так как они могут свидетельствовать о его неблагонадежности», — считает Мелани Рубин, уполномоченный комиссии по ценным бумагам и биржам США в штате Мэриленд.

Я бы дополнила, что эти фразы также не должен употреблять ваш менеджер у брокера или в банке. И пусть они насторожат вас на сайте очередной сомнительной финансовой компании. Вот некоторые из них.

Стоп-фраза	**В чем подвох**
Эти бумаги пойдут вверх	Никто не знает, куда пойдут бумаги. Если консультант такое утверждает, он не слишком профессионально себя ведет
Прибыль гарантирована	Если речь идет о банковском вкладе или об облигациях, тогда еще возможно. Но если о других продуктах — врет
Надо поторапливаться, вы пожалеете, если этого не сделаете	Не надо! Не пожалеете! Обычное манипулирование
Эта бумага того стоит	Почему он так думает? Обычно что-то дорогое — это уже переоцененное

Стоп-фраза	В чем подвох
Не надо ломать голову	Действительно, зачем? Мы все уже продумали за вас — и мы заработаем в любом случае, а вы... уж как повезет
Эксклюзивный продукт. Никто, кроме нас, не знает, как это сделать. Вы пожалеете, если этого не сделаете	Секретов не бывает! На рынке полно продуктов, у каждого есть аналог. Это очередная рекламная уловка
Вы ничего не потеряете	Даже если так — разве это плюс? Вложите деньги в банк, и вы гарантированно заработаете заранее известный процент. «Ничего не потерять» — значит потерять время и обесценить деньги инфляцией
Стратегия активного размещения	Активное размещение — это постоянные сделки купли-продажи бумаг в попытках переиграть рынок. Чаще всего такие попытки заканчиваются плачевно, а комиссии съедают львиную часть дохода
Месячная доходность	Доходность всегда считают годовой. Если вам рассказывают про месячную доходность, значит, сроки слишком короткие, а обещанные ставки слишком высокие. Значит, высоки и риски
Вы должны мне доверять	Это еще почему? Консультанта стоит выслушать и переварить информацию. А если он активно что-то продает, тем более стоит взять паузу и узнать дополнительные мнения

КАК НАЧАТЬ ИНВЕСТИРОВАТЬ

Я люблю бегать. Пару лет назад, когда я изо всех сил делилась фотографиями с пробежек в соцсетях, меня постоянно спрашивали: «Как же начать бегать?» На такой случай у меня был где-то подсмотренный ответ: «Надеть кроссовки и выйти на улицу». Так и с инвестициями. Чтобы начать — откройте брокерский счет и купите бумаг на пару тысяч рублей. Буквально за несколько дней вы узнаете о фондовом рынке больше, чем за полгода чтения статей и книг.

- Купили на 1000 рублей, а списалось со счета 1100 — так вы узнаете, что брокер берет комиссию за сделку.
- Вчера купили акцию за 1000, сегодня она стоит 700. А завтра 1100. Так вы поймете, что такое волатильность.
- Купили акций, забыли про них, но вдруг пришла sms о начислении дивидендов. Так вы разберетесь, что такое пассивный доход.

Я утрирую, конечно. Все же хорошо немного для начала изучить предмет. Но вы уже читаете эту книгу — этого вполне достаточно.

Часто вижу рекомендации открыть демосчет. Брокеры дают такую возможность — это виртуальные деньги, которые вы инвестируете, следите за результатами портфеля и учитесь. Так вот — это не работает. Пока деньги виртуальные, а не ваши собственные, вы будете смелыми и дерзкими, вам будет везти. С настоящими деньгами все пойдет по-другому. Но, даже если придется расстаться с небольшой тестовой суммой, вы приобретаете реальный опыт. Считайте это расходами на обучение.

ИНСТРУМЕНТЫ

Депозит

Строго говоря, это еще не инвестиции. Банковские вклады не дают высокой доходности — обычно она еле поспевает за инфляцией, — но они знакомы, понятны и просты. Финансовые компании часто используют депозит как некую точку отсчета при рекламе своих продуктов: «альтернатива депозиту», «выгоднее депозита» и т. д.

На момент написания книги официальный прогноз инфляции на 2019 год — 4,7–5,2%, а средние ставки по депозитам 6–8%[18].

Как это работает

Вы даете деньги банку «на хранение», банк платит вам процент.

Но банк щедрый не просто так. Он не хранит ваши деньги, он на них зарабатывает. Раздает кредиты бизнесу на развитие и людям — на квартиры, машины и новые пылесосы. Банк выступает в роли посредника, распределяет деньги от тех, у кого они есть (от вкладчиков), тем, кому они нужны (бизнесу и заемщикам). Процент по кредитам всегда выше, чем по вкладам, — на эту разницу банк и живет.

Делая вклад, вы заранее знаете, на какой срок размещаете деньги и какой процент дохода получите. Ставки по вкладам меняются, адаптируясь к инфляции и к ключевой ставке Центробанка. Вспомните кризис 2014 года, когда рубль резко подешевел — ставки по вкладам тогда достигали 19%. Временно. Потом они опять снизились.

Например, в европейских странах инфляция совсем низкая, там и ставки по депозитам всего 0,1% годовых.

Виды вкладов

Депозиты отличаются по нескольким основным параметрам.

Валюта

В российском банке вы можете открыть вклад в рублях, долларах или евро. Процентные ставки варьируются в зависимости от вида валюты.

Возможность пополнения и снятия

Банку нравится, когда он максимально уверен в условиях сделки. Откройте так называемый сберегательный вклад, положите 100 тысяч на полгода без возможности пополнения и снятия — за это банк даст максимальный процент.

Если хотите иметь возможность докладывать или снимать часть денег, ставка будет ниже. Это пополняемый вклад или вклад с частичным снятием.

Срок действия

У депозита всегда есть конечная дата. Забираете деньги до срока — теряете накопленные проценты. Соответственно, до года — короткий депозит, больше года — длинный.

Плюсы банковского вклада

Простота

Наверное, самый важный фактор. Инструмент знакомый, особых сложностей не вызывает. Вы точно знаете, сколько денег и когда заработаете.

Надежность

Деньги физических лиц в банках застрахованы государством на сумму 1,4 миллиона рублей.

Доступность

Низкий порог входа — вклад можно открыть хоть с тысячей рублей. Все банки дают возможность сделать это онлайн, и ходить никуда не надо. Несколько кликов в приложении — и вы можете наблюдать, как ваш вклад прирастает процентами.

Доход по вкладам не облагается налогом

Точнее, так. Налог предусмотрен, но только в том случае, если ставка по вкладу выше значения «ключевая ставка ЦБ + 5%». Таких ставок я не встречала.

Минусы банковского вклада

Низкая доходность

Уже обсудили. Вы убережете деньги от инфляции, и это максимум, на что можно рассчитывать.

Ограничение по сумме — 1,4 миллиона рублей

Если денег больше, придется раскладывать по разным банкам или открывать счета на родственников.

Невыгодное досрочное закрытие

При досрочном закрытии вы, скорее всего, лишитесь всего заработанного. Например, открыли депозит на год под 8%, а через полгода срочно понадобились деньги. Вклад пришлось закрыть — накопленные проценты потеряли.

Когда стоит использовать

Когда вы не готовы к риску и вас устроит невысокая доходность. На депозите можно держать «подушку безопасности» или деньги, которые скоро понадобятся.

Куда жаловаться на банк

- Если рядовой менеджер не принимает заявление, не предоставляет информацию — иными словами, не выполняет свои прямые обязанности, — обращайтесь в службу поддержки банка или к руководству отделения/филиала.
- Хорошо работают внешние форумы и «жалобные книги». Например, на сайте banki.ru есть разделы «Отзывы о банках» и «Конфликтные ситуации». Финансовые организации очень внимательно следят за публикациями там. С вами быстро свяжутся и постараются решить вопрос. Только жалобу пишите конструктивно, с названием банка, с датами и по сути. Не надо вот этого: «АААААА!!! Произвол! Мошенники!»
- Еще можно обратиться в Ассоциацию российских банков. Там вашу жалобу рассмотрит финансовый омбудсмен, но и сам банк ее тоже увидит. На сайте есть форма для обращений.
- Роспотребнадзор. Они не только ввоз импортных сыров контролируют, но и работу банков. Точнее, защищают наши с вами права потребителей. На их сайте есть раздел «Обращения граждан», там можно найти форму для заполнения.
- Ну и тяжелая артиллерия — Центральный банк России. В интернет-приемной на сайте cbr.ru можно оставить жалобу (а можно и благодарность).

Недвижимость

Самый понятный, наверное, инструмент. Вы можете совсем не разбираться в финансах, но точно сумеете отличить плохую квартиру от хорошей и вам понятно, что квартиру можно сдавать.

Плюсы

Надежность

Все-таки квартира никуда не денется. Она может кормить вас, потом останется вашим детям. В отличие от ценных бумаг, которые для многих непонятны, здесь все просто: бери и сдавай.

Возможность вложить крупную сумму

Если в банке ваши деньги застрахованы только на 1,4 миллиона, то квартира может стоить и 10 миллионов, и 50 — и они надежно вложены.

На этом плюсы недвижимости заканчиваются, а минусов как раз очень много.

Минусы

Низкая доходность

Неплохая однушка в хорошем московском районе может приносить 5–7% годовых. Это меньше, чем банковские вклады, а хлопот гораздо больше.

Дорогой вход

Открыть вклад можно и с тысячей рублей, а на квартиру потребуется несколько миллионов. Не всем это подходит.

Низкая ликвидность

Когда понадобятся деньги, квартиру не получится быстро продать или же придется заметно снизить цену.

Доход облагается налогом

С аренды и с прибыли от продажи придется заплатить 13% подоходного налога, и декларацию вы будете заполнять самостоятельно.

Обслуживание

Бывает, арендаторы внезапно съезжают, стиральная машинка ломается, обои и мебель требуют замены — в общем, постоянные хлопоты вам обеспечены. А это как финансовые, так и временны́е издержки.

Вообще, финансовые советники не очень любят недвижимость как раз по причине перечисленных минусов. Те же 5 миллионов можно вложить в облигации и получать 7–10% дохода. Но народ по-прежнему любит недвижимость.

Я придерживаюсь третьего варианта. Хорошо бы иметь в инвестиционном портфеле и ценные бумаги, и недвижимость.

Инвестировать в недвижимость стоит, если:

- вас греет мысль о владении недвижимостью, нравится образ жизни рантье или вы планируете передать детям квадратные метры по наследству;
- капитал достаточно большой и вы можете себе позволить и квартиры, и бумаги;
- надо пристроить крупную сумму, а фондовый рынок доверия не вызывает.

Золото и другие металлы

Люди, далекие от фондового рынка, обычно все же слышали про инвестиции в золото и живо интересуются такой возможностью. Еще они слышали, что «золото все время растет в цене» — это тоже привлекает. Давайте разбираться, как зарабатывать на золоте и стоит ли вообще в него вкладывать.

Как это работает

Золото называют «защитный актив» — тихая гавань, где можно пересидеть шторма и кризисы финансового рынка. В нестабильной ситуации инвесторы предпочитают «уйти в золото», чтобы переждать непогоду. И в кризис спрос на золото растет, растет и его цена, снова снижаясь по окончании «турбулентного» периода. Надо учитывать, что цена золота (и других металлов) определяется на Лондонской товарной бирже и привязана к доллару. Поэтому, например, резкий скачок цены на драгметаллы в 2014 году — это всего лишь скачок курса доллара.

В долгосрочной перспективе золото дорожает, но посмотрите на график. Если вы вложились в начале прошлого века, тогда — да, заработали. А если в 2011 году, то пока были бы в минусе.

Золото само по себе не приносит дохода — ни процентов, ни дивидендов. Заработать можно только на росте цены. И когда в кризис цена вырастет, на эти дополнительные деньги стоит докупить подешевевших акций.

Существуют очень разные мнения насчет золота. Уоррен Баффетт не признает его в качестве инвестиции, а Роберт Кийосаки рекомендует. Да и Центробанк России скупает рекордными темпами. Ну а раз нет единого мнения, то решать вам.

Цена на золото с 1970 по 2018 год, $

Как инвестировать в золото

Слитки и монеты, я надеюсь, вас в XXI веке не интересуют. Вкладывать в них невыгодно, хранить непросто, при продаже слитков нужна будет специальная экспертиза.

Обезличенные металлические счета (ОМС) — более современный способ. Вы покупаете в банке виртуальное золото — открываете вклад, стоимость которого привязана к цене металла. У этого способа тоже больше минусов, чем плюсов, на мой взгляд. Процентов такой вклад не приносит. Он просто лежит и ждет, пока цена на золото поднимется. В системе страхования вкладов такие счета не участвуют, а разница в цене между покупкой и продажей (спред) снижает возможную доходность.

Фонды, инвестирующие в золото

На московской бирже один такой фонд — FinEx Gold ETF, а в мире их десятки. Два крупнейших — это SPDR Gold Shares и iShares Gold Trust.

Так что в следующий раз, когда бабушка будет ворчать, что вы не купили на подаренные деньги золотые сережки, ответьте, что купили ETF (пай биржевого инвестиционного фонда) на золото.

Плюсы золота

Надежно

Теоретически цена золота может упасть как угодно низко. И такие моменты в истории уже были, но все же золото само по себе — это физический актив, его можно подержать в руках.

Цена привязана к доллару

Хотя бы от скачков курса мы застрахованы.

Дорожает в кризис

Если в портфеле есть золото, то в кризис его общая стоимость сильно не уменьшится, золото «вытянет» общую картину.

Минусы золота

Не приносит дохода само по себе, доход возможен только за счет роста цены.

Нет мирового спроса на золото как на продукт. Люди больше не строят золотых дворцов и не украшают гробницы, а ювелирной промышленности требуется не так много металла.

Кому подойдет

Консервативным инвесторам, тем, кто не готов рисковать и хочет подстраховаться.

Искусство/вино/Lego/ваш вариант

Еще один способ вложений — редкие вещи. Это произведения искусства, антиквариат, редкие бутылки вина и виски и даже конструктор Lego.

Это интересные и вполне выгодные варианты, но у них есть ряд ограничений. Во-первых, в предмете надо разбираться (Lego и виски кажутся более или менее понятными, но вот в искусстве точно надо ориентироваться). Во-вторых, чтобы получить прибыль, придется найти покупателя, назначить цену, провернуть сделку, что само по себе непростой процесс, не всем он по плечу.

Кому подойдет:

- тем, у кого все остальное уже есть;
- кто может выделить на подобные инвестиции небольшую часть капитала;
- специалистам в конкретной области.

Бизнес

Привлекательный вариант. Вот представьте, у вашей подруги Снежаны есть салон красоты — популярный, модный и прибыльный. Салону нужны деньги на развитие, и Снежана предлагает вам выкупить долю в бизнесе.

Не каждый день выпадает такая возможность, тем более Снежану вы давно знаете как человека ответственного, честного, профессионального и предприимчивого. Так что вы соглашаетесь

Кстати, инвестиции в Lego (имеются в виду нераспечатанные наборы) дают средний ежегодный доход не менее 11%. К примеру, наборы по «Звездным войнам» и «Гарри Поттеру» превосходят по доходности американские акции и облигации крупных компаний. Старые комплекты Lego перепродаются в несколько раз дороже первоначальной стоимости: купленный в 2014 году за 3,99 доллара набор Star Wars Darth Revan в 2015 году продавался на eBay за 28,46 доллара. Прибыль — 613% за год — отличный результат[19].

и становитесь совладельцем. Теперь вы будете получать пассивный доход — часть прибыли в соответствии с вашей долей. К тому же открылся второй салон, бизнес расширяется и стоит все дороже. И ваша часть — в том числе. Красота!

Другой вариант: вы можете просто одолжить Снежане деньги, а она вернет их вовремя и с оговоренным процентом.

Все бы хотели поучаствовать в подобном предприятии, но не у каждой из нас есть такие подруги. Зато есть рынок ценных бумаг, а он как раз дает возможность инвестировать в лучшие бизнесы России и мира. И вот буквально сидя на диване в подмосковных Мытищах можно стать совладельцем Сбербанка, Газпрома, Facebook или McDonald's. Или дать в долг «Детскому миру», Роснефти или Ford.

Загорелись глаза?

Все это доступно на фондовой бирже. Покупая акции и облигации компаний, вы именно участвуете в бизнесе, который уже состоялся и вырос. Можно посвящать этому хоть несколько часов в год, хоть полный рабочий день. Стратегию, риски, сумму — все определяете вы сами. Для каждой найдется свой вариант.

Венчурные инвестиции

Как-то в комментариях меня спросили: «Зачем же инвестировать в акции-облигации, когда можно вложить в стартап и заработать там миллионы?»

Все слышали историю Instagram — компании был всего год, когда Facebook купил ее за 1 миллиард долларов.

Бизнес, который оценили в миллиард, называют «единорогом», и все хотели бы его найти. Но если вы помните (а я очень на это надеюсь) золотое правило инвестирования «риск равен доходности», то легко вычислите: сказочная прибыль означает такой же сказочно высокий риск.

Венчурные инвестиции — рискованное дело. Стартапы потому и ищут инвесторов, что банки кредит им не дадут: слишком рискованно. И венчурные фонды, которые занимаются поиском перспективных стартапов, вкладывают деньги в десятки компаний в надежде, что хоть один из них «выстрелит». Но вероятность этого не слишком высока. Есть и дополнительные сложности:

- Чтобы найти потенциально успешную компанию, надо как минимум разбираться в этой сфере, понимать ситуацию в мире, знать успешные кейсы.
- Венчурные инвесторы не на последние деньги инвестируют. У них наверняка уже есть недвижимость, работающий бизнес и капитал в ценных бумагах. А на свободные миллионы, которыми готовы рискнуть, они занимаются взращиванием компаний.
- Сам процесс сложный, долгий и нерегламентированный. Не получится инвестировать в стартапы понемногу с каждой зарплаты или в обеденный перерыв.

В общем, это долгий и достаточно сложный процесс, оставим его специалистам и венчурным фондам.

Вернемся к ценным бумагам.

Мы разберем основные их виды (акции и облигации), научимся инвестировать через фонды и делать балансировку. Но сначала вам нужен брокерский счет.

БРОКЕРСКИЙ СЧЕТ

У каждой девушки должно быть
маленькое черное платье и брокерский счет.

Девушка с Деньгами

Для торговли ценными бумагами вам понадобится брокерский счет.

Вообще, кто такой брокер и зачем он нужен?

Брокер — это посредник между вами и биржей. Напрямую прийти на биржу нельзя, туда допускают только авторизованных юридических лиц — брокеров. ЦБ выдает им лицензии и регулирует их действия.

Брокер — ваше окно на биржу, через него вы покупаете и продаете ценные бумаги.

Заявку «Хочу купить 10 акций "Лукойла"» брокер размещает на бирже. Если в это же время кто-то хочет продать 10 акций «Лукойла» и его устраивает ваша цена, сделка состоится. Теперь на вашем счету акции. Их вы тоже можете продать, когда захотите, и забрать деньги на свой банковский счет.

И все это происходит за секунды и осуществляется через мобильное приложение.

Важно отметить: ваши бумаги не хранятся у брокера, он ими не владеет. Запись о том, что 10 акций «Лукойла» куплены Машей Ивановой, сохранена в депозитарии — это отдельный участник рынка, компания, которая ведет учет прав на ценные бумаги. Как в загсе записано, что у Маши есть муж, так и в депозитарии указано, какими ценными бумагами Маша владеет.

Кстати, брокерских счетов у вас может быть несколько. Они создаются под разные цели и стратегии инвестирования.

Брокер, биржа и депозитарий работают не бесплатно, а за комиссию. Все эти комиссии учтены в тарифном плане брокера: купили акций на 100 рублей — заплатили 3 копейки сверх того за организацию процесса.

А из этого следует немаловажный вывод: брокеру выгодно, чтобы вы активно торговали и совершали как можно больше сделок. Насколько они прибыльны, его не беспокоит. Ваш результат ему не важен, брокер просто получает комиссию с каждой сделки.

Мир несовершенен, и тарифные планы брокеров тоже. Обычно тарифные планы брокеров — это несколько страниц разнообразных параметров и уточняющих условий. Похоже на условия сотовых операторов, там тоже невозможно разобраться во всех деталях. Да и не надо. Проверьте основные комиссии:

- за сделку;
- за брокерское обслуживание;
- за депозитарное обслуживание;
- за вывод денег;
- за обмен валют, если планируете покупать валюту или акции американских компаний.

Чтобы подобрать максимально выгодный тариф, прикиньте свою стратегию инвестирования: как часто и какие суммы вы собираетесь вкладывать? Сколько сделок в месяц (квартал, год) вы планируете совершать? И посчитайте, что получится.

Чек-лист. Как выбрать брокера

Брокер — юридическое лицо, посредник, который дает вам доступ к бирже и берет за это комиссию. Какие параметры надо изучить?

Наличие лицензии	Лицензию брокерам дает ЦБ, на сайте cbr.ru есть их список
Рейтинги	Выбирайте из лидеров. Можно воспользоваться рейтингом Московской биржи.
Тарифы	Проверьте основные комиссии: • минимальную (если есть) и за сделку; • за брокерское обслуживание; • за депозитарное обслуживание; • за обмен валюты (может быть отдельная)
Ввод и вывод средств	Как вы будете перечислять/выводить деньги и сколько это будет вам стоить
Возможность открыть счет онлайн	Эта возможность есть почти у всех. Ваши действия: • найти на главной странице сайта большую кнопку «Открыть счет»; • заполнить анкету; • выслать фото паспорта; • дождаться регистрации счета, перевести туда первые деньги; • скачать приложение. Всё, можно инвестировать!
Офис	Удобно, если офис расположен неподалеку. Все операции вы будете совершать онлайн, но иногда может возникнуть необходимость что-то подписать или обсудить новые продукты

Доступ к биржам	Вам нужна Московская биржа, чтобы торговать российскими бумагами, и Санкт-Петербургская, если хотите инвестировать в акции американских компаний. Уточните возможности брокера
Отзывы	Нет такой компании, про которую не было бы негативных отзывов, но все же большое количество негатива может указывать на какие-то конкретные проблемы или нюансы работы
Познакомиться	Можно позвонить брокеру, узнать детали по какому-то вопросу, пообщаться, послушать, как вообще с вами будут говорить

Как открыть брокерский счет?

Слава интернету и современным технологиям! Теперь мы можем рассчитать маршрут в обход пробок, виртуально примерить короткую стрижку, наблюдать за младенцем через видеоняню и открыть брокерский счет онлайн!

Такая возможность есть у всех брокеров — обычно это яркая, заметная кнопка на главной странице сайта. Заполняете небольшую анкету, отправляете скан паспорта и ждете подтверждения. Весь процесс занимает минут десять.

Брокерский счет — как отдельный кошелек для торговли на бирже. Прежде чем покупать, переведите на него деньги и установите мобильное приложение.

Всё, можно начинать.

ЦЕННЫЕ БУМАГИ

Облигации

Облигация — это долговая ценная бумага. «Долговая» — значит речь идет о долге.

Как это работает

Когда компании нужны деньги, есть два пути — взять кредит в банке (занять у банка) или выпустить облигации (занять на фондовом рынке).

Вспомним Снежану и ее салон. Если вы даете Снежане в долг, наверняка вам хотелось бы заранее договориться, когда она вернет деньги и какой заплатит процент. А еще неплохо бы подкрепить договоренность распиской. Облигация примерно так и работает. Есть оговоренные условия (проспект эмиссии):

- на какой срок и под какой процент компания (эмитент) занимает деньги;
- когда вернут долг — дата погашения;
- какой заплатят процент — купон.

И есть размер долга — номинал облигации. Большинство облигаций стоят 1000 рублей.

Например: облигация Сбербанка с номиналом 1000 рублей, датой погашения 15 июля 2022 года и купонным доходом 8% означает, что Сбербанк занял 1000 рублей, вернет их 15 июля 2022 года и каждый год до этой даты будет выплачивать по 80 рублей процентами.

Выбирая облигацию, вы фактически оцениваете, кому и под какой процент вы готовы дать в долг. Кого вы выберете? Ответственную и трудолюбивую Снежану с успешным бизнесом или легкомысленную вертихвостку-соседку? Первой все захотят дать в долг, а вот второй придется заманивать кредиторов высокими процентами. Аналогичная ситуация в бизнесе: крупные, успешные, стабильные компании платят небольшой купон (немного выше депозитных ставок), а менее надежные будут обещать золотые горы. Снова наша любимая пара «риск и доходность».

Какие бывают облигации

Государственные (Облигации федерального займа), муниципальные и корпоративные.

Тип облигации	Выпускает	Средняя доходность
Государственные	Занимает государство в лице министерства финансов	1–1,5% выше депозита
Муниципальные	Занимают субъекты Федерации, например Томская область	1–2% выше депозита
Корпоративные	Занимают разные компании, большие и маленькие	По-разному. Доходность облигаций надежных компаний с государственным участием будет чуть выше, чем у полностью государственных. Компании поменьше и попроще дадут более высокую доходность. Я бы рекомендовала рассматривать бумаги с доходностью не выше +5% к депозиту

Плюсы облигаций

- Невысокая стоимость — номинал облигации 1000 рублей, что очень многим по карману.
- Надежность — долг не вернут, только если компания-эмитент обанкротится. Для крупных и надежных эмитентов этот риск минимален. Вот сравните: можно разместить в Сбербанке депозит под 6%, а можно купить облигации Сбербанка и зарабатывать уже 8%. В обоих случаях ваши деньги использует Сбербанк, но платить вам будет по-разному.
- Нет налога на доход. Все государственные облигации (ОФЗ) освобождены от налога на купонный доход. По корпоративным облигациям налоговая льгота действует на все выпуски, размещенные после 1 января 2017 года.
- При досрочной продаже купон не теряется. Вы получите заработанный процент пропорционально времени владения бумагой. В этом существенная разница с депозитом.

Минусы

- Я бы сказала, что их нет. Но есть определенные условия. Для покупки облигаций нужен брокерский счет и хотя бы общее понимание продукта. Никаких сверхусилий не требуется.

Акции

Акция — это маленький кусочек компании. Купив акцию Сбербанка или Facebook, вы становитесь собственником, совладельцем компании.

Собственник компании зарабатывает двумя путями.

На разнице в цене

Если компания успешна, ваша доля растет в цене. Купили акцию за 100 рублей, продали за 120 — получили 20 рублей дохода от продажи. И наоборот, неэффективный бизнес будет дешеветь, спрос на акции снизится, они упадут в цене. Поэтому компанию надо выбирать ответственно.

На дивидендах

Некоторые компании часть чистой прибыли распределяют между акционерами, каждый владелец получает свою часть в виде дивидендов.

Идеальный вариант — когда компания и растет, и платит дивиденды.

Как выбирать акции?

Это и есть основной вопрос инвестиций — как выбрать акции, которые точно вырастут в цене?.. И на него уже очень долго пытаются ответить инвесторы и аналитики. Знал бы прикуп, как говорится, жил бы в Сочи.

Представьте, что за акцией стоит компания. Выбирая бумагу, спросите себя: «А купили бы вы эту компанию целиком?» Чтобы ответить на этот вопрос, придется достаточно серьезно проанализировать бизнес.

Давайте на примере салона красоты уже знакомой нам подруги Снежаны. Предположим, Снежана решила продать 50% бизнеса и назначила цену 10 миллионов рублей. Салон красивый, бизнес вам нравится, но как понять, стоит ли он 10 миллионов? Насколько это удачное вложение? Скорее всего, вас заинтересовали бы такие вопросы.

Критерий оценки компании	То же самое человеческим языком
Выручка компании	Сколько денег зарабатывает салон? Его обороты в месяц, в квартал, в год
Рентабельность и прибыль	А сколько он при этом тратит? На зарплаты, на аренду, на краски, шампуни и налоги? Какая прибыль остается владельцам? Если это 1 миллион рублей в год, то ваша часть — 500 тысяч. При вложенных 10 миллионах доходность равна 5%. Не очень-то интересно, банковский вклад принесет больше
Долговая нагрузка	Что с долгами? Вдруг салон должен банку кругленькую сумму?
Мультипликаторы (P/E)	Как быстро окупится ваше вложение? Когда вы сможете вернуть свои 10 миллионов? При текущей доходности 5% вам 20 лет придется ждать, пока вернутся 10 миллионов
Перспективы отрасли, конкуренты	Что с конкурентами? Есть ли салоны на этой же улице? Какие?
Геополитика	Что будет в случае санкций на импортное оборудование? На шампуни/лаки/фены?
Курсы валют/нефти/золота	А если вырастет курс доллара?
Настроение инвесторов	Салон модный, все хотят в него попасть. Значит, и покупателей будет много. Снежана может даже повысить цену до 12 или 15 миллионов

Все эти вопросы вполне естественны: покупая бизнес, хочешь разобраться, что тебя ждет. Такие же вопросы надо задать о компании, выбирая акции.

Обороты и чистая прибыль, уровень закредитованности, геополитическая обстановка, настроение инвесторов, цена акции — все имеет значение. Это называется «фундаментальный анализ». Им занимаются увлеченные инвесторы и специально обученные аналитики. Отчеты аналитиков вам, кстати, доступны, только не забывайте включать и свою голову тоже.

Дивидендные акции

Некоторые процветающие компании делятся частью чистой прибыли со своими акционерами — выплачивают дивиденды. Это выгодно и приятно: даже если стоимость акций упадет, дивиденды вам все равно заплатят, свой пассивный доход вы получите. Доходность не то чтобы сверхвысокая, но вполне достойная: российские компании обычно платят 6–10%, западные — 2–4%.

Как это работает

Общее собрание акционеров ежегодно принимает решение, какую часть чистой прибыли направить на выплату дивидендов. Сумма каждый год разная, но серьезные компании предпочитают постоянно ее повышать. Есть даже термин «дивидендные аристократы» — это компании, которые платят дивиденды более 25 лет, каждый раз немного увеличивая размер выплаты. Все эти компании западные, у российских пока нет такой долгой дивидендной истории.

Объявляется размер дивидендов, дата выплаты и дата отсечки (или дата закрытия реестра акционеров). Всем, кто числится владельцем акций в этот день, будут начислены дивиденды.

В дату выплаты (или чуть позже) вы получите сообщение от брокера «Поступили дивиденды компании Х», и на ваш счет придут деньги.

Рекомендую почитать интервью Ларисы Морозовой. Она начала инвестировать в дивидендные компании уже на пенсии и добилась неплохих результатов: зарабатывает на акциях российских компаний, читает лекции и ведет курс по инвестициям.

Выступление Ларисы Морозовой:
https://bit.ly/2ncs7RX

Интервью с Ларисой Морозовой:
https://bit.ly/2nbN3Zi

Так что акционер может зарабатывать и на росте цены, и на дивидендах — очень привлекательная перспектива.

Плюсы акций

- Более высокая доходность на значительном промежутке времени.
- Можно выбрать на любой кошелек.
- Существует возможность получать дивиденды.

Минусы акций

- Риск падения цены.
- Необходимо разбираться, а не инвестировать в бумаги просто так, потому что вам «нравится». Изучить финансовую отчетность компании, почитать аналитику, вникнуть в специфику бизнеса.
- Доход от продажи и дивиденды облагаются налогом, но их заплатит брокер, с декларацией никуда ходить не надо.

Немного страшно? Это правильно!

А то приходят девушки и говорят: «Я хочу купить акции Amazon, Google и Netflix. Почему? Потому что они мне нравятся!» А вы хотя бы график цены акций видели? Растет ли их выручка и чистая прибыль? Не знают. Тогда это не инвестиции, а рулетка.

Но как же, спросите вы, инвестируют миллионы американских домохозяек? Вряд ли они читают финансовые отчеты и проводят анализ бизнеса…

Верно, они инвестируют через фонды. Это так называемые пассивные инвестиции.

Пассивные инвестиции через фонды

Идея пассивных инвестиций в том, что вы не принимаете решения, акции какой компании брать, а какой — нет, поэтому вкладываете во все понемногу. Вы выбираете стратегию следовать за рынком, не пытаясь его переиграть, и вас не беспокоят временные кризисы и падения, твиты Трампа и новости о санкциях. Вы просто знаете: в долгосрочной перспективе рынки растут.

В общем-то, основная задача пассивного инвестора состоит в том, чтобы удержаться от активных действий, не бегать туда-сюда, не терять деньги на неудачных сделках и комиссиях.

Почитайте про знаменитое пари Уоррена Баффетта с управляющим хедж-фондом. Они вложили по 500 тысяч долларов на 10 лет. Баффетт — в индексный фонд на S&P 500, а его соперники — в активно управляемые хедж-фонды. Уоррен выиграл: его инвестиция принесла 85% прибыли, а хедж-фонд — всего 20%, к тому же оппоненты растеряли кучу денег на комиссиях. И ведь у них к тому же профессиональный управляющий был, а не вы.

S&P 500

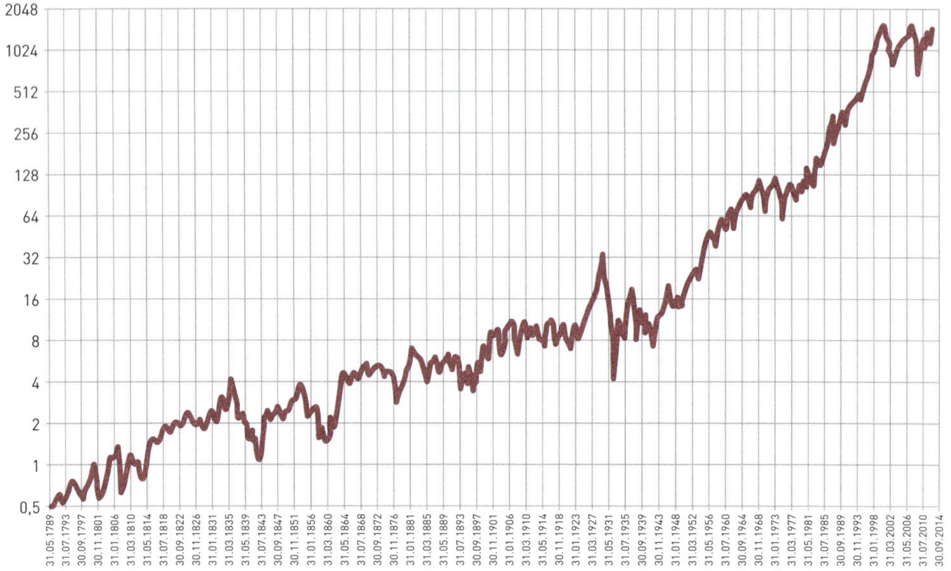

Пассивный инвестор действует так: выбрал несколько фондов (акции/облигации/золото), купил — и раз в год делает балансировку. Всё!

Как устроены фонды

Представьте: в магазине продаются конфеты. В одной коробке — с начинкой из нуги, в другой — с орехами, в третьей — с ликером и т. д. Какие выбрать и не прогадать, непонятно. Вам бы хотелось попробовать все, чтобы не ошибиться, но денег не хватит, да и сумка маленькая, не унесешь. И тут вы видите коробку ассорти — эврика! Теперь вы сможете попробовать все конфеты, заплатив за одну коробку. Не понравится нуга — ничего страшного, в коробке много других.

Биржевые фонды устроены примерно по такому же принципу. Инвестиционные компании собирают в один портфель много акций разных компаний, нарезают фонд небольшими частями и продают инвесторам. Такой фонд может быть собран из всех акций США, или только нефтяных, или IT-компаний, или российских облигаций, или даже из акций и облигаций вместе.

Отдельная разновидность фондов — индексные. Она-то нас и интересует. В этом случае начинка фонда повторяет структуру какого-то индекса. Вы наверняка слышали эти названия.

Индекс РТС	Рассчитывается на основе акций 50 крупнейших и динамично развивающихся российских компаний, представленных на Московской бирже
Индекс S&P 500	Фондовый индекс, в корзину которого включено 500 избранных акционерных компаний США, имеющих наибольшую капитализацию
Индекс Доу–Джонса	Старейший из существующих американских рыночных индексов. Включает 30 крупнейших компаний США

Если фонд собран на основе индекса S&P 500, значит, в него закупили акции всех 500 компаний, от Amazon до McDonald's. Покупая такой фонд, вы инвестируете сразу во все 500 компаний.

Таким образом, задача заметно упрощается. Вам больше не надо выбирать отдельные компании — можно выбрать несколько фондов по тем направлениям, которые считаете более перспективными, скажем, российские компании, американские компании, российские облигации и золото.

Плюсы инвестиций через фонды

- Доступ к инструментам, которые вы сами не купили бы, — фонды еврооблигаций, китайские или австралийские компании.
- Широкая диверсификация. В структуре фондов представлено несколько десятков (а то и сотен) компаний. Такой набор вам самой не осилить.
- Недорогой вход. Стоимость акций ETF на Московской бирже начинается с 600 рублей и доходит до 3500 рублей (*данные на 2019-й). Доступно каждому.
- Возможность следовать за рынком, не уделяя портфелю много времени, и заработать в долгосрочной перспективе больше, чем 90% управляющих.

Минусы инвестиций через фонды

- Когда на рынках кризис и снижется стоимость всех акций, падает и фонд. Долгосрочного инвестора это не беспокоит, он знает, что в итоге будет в выигрыше, но в текущий момент может быть неприятно.
- Комиссии, хоть и невысокие, все же съедают часть прибыли.

Кому подходит

Я бы сказала, что инвестиции через фонды подходят всем.

Выберите фонд, собранный из бумаг той страны, в чью экономику хотите инвестировать. Или фонд, включающий акции всех развитых стран. Лень выбирать облигации — пожалуйста, есть фонд облигаций крупнейших российских компаний, фонд еврооблигаций или фонд облигаций казначейства США. На любой вкус, кошелек и стратегию. Понравился инструмент?

А теперь поговорим про портфель — что и в какой пропорции стоит покупать.

ВАШ ИНВЕСТИЦИОННЫЙ ПОРТФЕЛЬ

«Портфель» — слово-то какое прекрасное! Не важно, сколько у вас вложено: 10 тысяч или 10 миллионов, — вы уже инвестор и можете поделиться с коллегами за обедом: «В моем портфеле акции, облигации и металлы» или «Я инвестирую в американские компании». Пусть у вас там даже две облигации или три ETF!

Ваш портфель должен формироваться с учетом собственной ситуации. Когда понадобятся деньги? На какой риск вы готовы пойти? Хотите ли получать доход сразу, например в виде дивидендов, или потом, на пенсии? Сколько людей — столько портфелей.

#ноэтонеточно Почему так? Попробуйте разработать эффективный план физических тренировок, универсальный для всех. Вы быстро убедитесь, что это невозможно. Один хочет худеть, другой — тренировать выносливость, третий — набирать мышечную массу. Студент и пенсионер не смогут заниматься по одной программе. Любитель погонять мяч в команде друзей не захочет практиковать асаны в одиночестве. Для каждого человека оптимальной будет своя индивидуальная программа.

Но есть изящное решение — физкультура. Простые правила, которые подойдут всем: больше двигаться, чередовать силовые и кардиотренировки, добавить растяжку. Вся программа уложится в 10 упражнений, которые можно выполнять самостоятельно. Будет ли это наилучшим решением? Скорее всего, нет. Персональный тренер предложил бы вам что-то более эффективное. Будет ли это лучше, чем не делать ничего? Определенно!

В составлении портфеля также есть общие принципы и правила, которые решают основные задачи — диверсифицируют риски, оптимизируют доходность, а главное, экономят ваше время и нервы.

Части портфеля

Как и в жизни, главное в портфеле — баланс. Берете надежные инструменты — разбавьте их риском. Рискуете напропалую — уравновесьте защитными бумагами.

НАДЕЖНОСТЬ = невысокая доходность	**РИСК = потенциально высокая доходность**
Облигации Фонды облигаций Недвижимость	Акции Фонды акций Бизнес
Облигации позиционируются как более консервативные вложения, их стоимость мало колеблется со временем. При необходимости их можно быстро продать без значимых потерь в стоимости	Акции, напротив, представляют собой более агрессивную часть портфеля. Их цена может варьироваться в достаточно широком диапазоне. Но, по статистике, в долгосрочном периоде акции растут и приносят больший доход, чем облигации

Сколько чего брать, зависит от вашего риск-профиля, целей и возраста. Уильям Бернстайн в книге «Разумное распределение активов»[20] рекомендует такие пропорции:

- если вы готовы допустить потери 5%, тогда 20% портфеля отведите под акции;
- если готовы допустить общий убыток 35%, инвестируйте в акции 80%.

Какой убыток вы готовы допустить, %	Рекомендуемая доля акций в портфеле, %
35	80
30	70
25	60
20	50
15	40
10	30
5	20
0	10

Источник: книга «Разумное распределение активов».

Правило возраста

Есть распространенное мнение, что доля облигаций в портфеле должна быть равна возрасту инвестора. В этом случае 25-летний молодой человек, у которого еще вся жизнь впереди, положит в портфель 25% облигаций и 75% акций. Напротив, 60-летний инвестор будет иметь более консервативный портфель с долей облигаций 60%, так как в его возрасте терпимость к риску ниже.

Звучит логично, но только в том случае, если ваша цель — пенсионные накопления. И это правило не учитывает вашу индивидуальную склонность к риску. Так что правило можно иметь в виду, но слепо следовать ему не стоит.

Портфель лежебоки/дурака/простака

Еще одно готовое решение. Из названия понятно, что особых аналитических усилий для его составления не требуется. При этом он покажет неплохой результат. И с него уж точно можно начать инвестировать в первые несколько лет. Разделите портфель на три равные части.

Облигации	Акции	Золото

Балансировка портфеля

Балансировка — всего лишь поддержание структуры портфеля. Когда я прочитала об этом принципе в первый раз, то даже удивилась, насколько все просто.

Скажем, вы выбрали самый простой вариант портфеля: половина акций, половина облигаций. Теперь ваша задача — поддерживать ее из года в год. Раз в год (не чаще) вы осуществляете ревизию портфеля — что там с бумагами? Что выросло, а что, может быть, просело в цене? И приводите его снова к пропорции 50/50.

Поясню на примере: в свой день рождения вы решили начать новую жизнь и наконец стать инвестором. Купили на 50 тысяч акций, на 50 тысяч облигаций — да и забыли про них. Ну, мало ли, что в день рождения в голову придет.

Через год опомнились, смотрите, что там. Облигации дали свои 10%, а акции — целых 20%. Теперь у вас облигаций на 55 тысяч, а акций на 60 тысяч. Всего бумаг на 115 тысяч. Надо снова привести портфель к пропорции 50/50; для этого вы продаете часть акций и докупаете облигаций, чтобы стало по 57 500 на каждый тип бумаг.

И снова на год забыли.

	Облигации — 50%	**Акции — 50%**
Начало инвестиций	Облигаций на 50 тысяч	Акций на 50 тысяч
Результат первого года	Облигации дали 10%, стало 55 тысяч	Акции выросли на 20%, стало 60 тысяч
Балансировка	Докупить облигаций, чтобы их снова стало 50% от портфеля	Продать часть акций, чтобы их снова стало 50% от портфеля
Результат балансировки	Облигаций на 57 500	Акций на 57 500

Может быть непросто принять мысль, что подорожавший актив надо продать. Как же так? Ведь акции принесли мне прибыль, жаль их продавать! Но именно так вы поступаете мудро: продаете дорого (фиксируете прибыль) и докупаете дешево. Правда же, гениально? Балансировка спасет вас от метаний и волнений, а главное, от лишних сделок.

Вот и все!

Девушки, поздравляю, вы осилили эту главу!

В завершение отмечу: инвестирование — достаточно сложная и глубокая тема; не стоит заходить в нее с излишней самоуверенностью, с наскока, с настроем «я всё знаю, и сейчас мне повезет». Скорее всего, нет. Скромность — вот настоящий щит. Инвестируйте регулярно, не принимайте эмоциональных решений, не пытайтесь переиграть рынок. Тогда все у вас получится!

А ЕСЛИ МНЕ СТРАШНО?

Возможно, вы знаете страшные истории, как кто-то отнес деньги на биржу и все проиграл или родители (бабушка, свекровь, соседка) все потеряли в девяностые. Потом мы слышим в новостях, что «рынки скоро рухнут», «доллар вот-вот запретят», и решаем держаться подальше от этих сомнительных махинаций.

Пока мы не понимаем, как что устроено, мы боимся. Древние люди боялись солнечных затмений и грозы. Но вам-то после всего, что вы прочитали, не должно быть страшно.

Не буду врать, риски есть. Но часть из них можно предусмотреть, а об оставшихся не стоит беспокоиться. Мы же не сидим дома из-за вероятности получить кирпичом по голове и выходим замуж, несмотря на то, что, по статистике, 50% браков заканчиваются разводом.

Какие бывают риски и как с этим жить, если...

Начнется кризис

Вопрос должен звучать не как «если начнется кризис», а как «когда начнется кризис». Он точно будет, мы можем к нему подготовиться. Главное — помнить, что не стоит паниковать и продавать подешевевшие активы. Лучше докупить индексных фондов, они быстрее восстанавливаются. Инвесторы ждут кризиса, потому что после него всегда идет резкий рост, и доходность некоторых бумаг может достигнуть и 100%, и 200% годовых.

Я выберу не те компании

Что ж, скорее всего, так и произойдет. Часть вложений будут удачными, часть — не очень. Даже Уоррен Баффетт ошибается.

Но если вы соблюдаете принцип диверсификации, у вас в портфеле обязательно будут бумаги нескольких компаний. Какие-то не покажут большого роста, зато остальные компании вытянут портфель. А еще есть облигации, а еще фонды. Этот риск как раз решается диверсифицированной структурой портфеля.

Брокер разорится, и все мои бумаги сгорят

Ваши бумаги лежат не у брокера, а в депозитарии. Если у брокера отзовут лицензию, то бумаги вы переведете к другому участнику рынка. Если же брокер оказался мошенником и украл ваши активы — тут, увы, делу не поможешь. Чтобы защититься от этого риска, выбирайте крупную, надежную брокерскую компанию с отличной репутацией.

В следующей главе мы разберем примеры финансовых задач, решать которые приходится большинству из нас.

ВАШ ФИНАНСОВЫЙ ПЛАН

Хочешь рассмешить Бога — расскажи ему о своих планах.

Вуди Аллен

Финансовый план определяет то, как вы рассчитываете достичь своих целей. Купить машину, увидеть Париж или перебраться на пенсии к морю — все это хорошо бы спланировать заранее.

Тут многие, я уверена, представили объемную таблицу, в которой строчка за строчкой распланирована жизнь на десятилетия вперед: сколько планируете зарабатывать, сколько тратить на продукты и на путешествия, сколько и под какой процент откладывать на пенсию. Надо предположить (то есть попробовать угадать) и размер инфляции, и суммы взносов, и эффективность инвестиций.

Да еще и цели не всегда определенные. Хорошо бы отложить денег на старость, но когда именно и сколько мне понадобится — не понимаю... Детям наверняка не помешают деньги на образование, лет через 12, но о какой именно сумме идет речь? И где они будут учиться?

Закрадывается подозрение, что мы можем сильно ошибиться в прогнозах. Притянуть цели за уши, засунуть в Excel — можно, но нужно ли?

Мне подобные планы кажутся изрядно оторванными от жизни. Давайте говорить честно: мы не знаем, что будет. Сколько я буду зарабатывать через пять лет, каким будет курс рубля к доллару, что будет с моим здоровьем, семьей, детьми, с ситуацией в стране и в мире. Сколько будет стоить тот самый домик у моря, да и захочу ли я жить у моря?

Вы будете терять работу, в которой ничуть не сомневались, вы будете брать на себя финансовые риски с непредвиденными последствиями, у вас родятся близнецы, тогда как вы закладывали расходы только на одного ребенка. Другими словами, жизнь будет брать свое.

Карл Ричардс[21]

Кажется, не стоит тратить время сначала на составление такого плана, а потом на его постоянную переделку. А переделывать придется, ведь что-то обязательно пойдет не так.

Зачем тогда планировать? Да и как?

От растерянности мы часто выбираем самый простой (и самый неэффективный) путь — не делать ничего. Но у меня для вас есть подарок — житейский подход к планированию целей. Вы наверняка о нем уже слышали: «Делай что должно, и будь что будет».

Поясню на примере. Нашей дочери Лере пять. Лет через 10 настанет время получать высшее образование, и мы хотели бы отложить денег на него. Правда, мы совершенно не представляем деталей, а именно:

- Куда она захочет поступать. Захочет ли учиться в МГУ? Или поехать по обмену за границу? А если она поступит на бюджет? А если, а если, а если?..
- Сколько будет стоить высшее образование и в какой валюте лучше откладывать?
- Сколько будут приносить банковские вклады, акции и облигации все эти 10 лет?
- Наконец, сколько мы сможем откладывать ежемесячно?

Все это очень «приблизительно», как говорил Карлсон: «Я прилечу за тобой приблизительно часа в три, или в четыре, или в пять, но ни в коем случае не раньше шести... Уж никак не позже семи, но едва ли раньше восьми... Ожидай меня примерно к девяти, после того как пробьют часы». Единственное, в чем я точно уверена: все пойдет не по плану. Но это не значит, что планировать не стоит.

В книге «Давай поговорим о твоих доходах и расходах» Карл Ричардс интересуется у друга, как же тот справляется с накоплениями на высшее образование для ребенка: «Удается ли тебе откладывать необходимую сумму к будущему поступлению в вуз и как понять, будет ли этого достаточно?» Ответ прозвучал неожиданно: «Карл, как насчет такого подхода: я откладываю все, что могу, в разумных пределах».

Ура! Оказывается, можно, не вдаваясь в детали, спланировать стратегию.

Вот как будут выглядеть план «отложить на образование дочери» в человеческом, «житейском» варианте. Будем отталкиваться от того, в чем мы уверены:

- Лере будет 16, и ей не помешает некая сумма, которую можно будет вложить в образование. Будет ли это российский вуз, или репетиторы для подготовки к ЕГЭ, или возможность поехать на стажировку за границу — да что угодно! Помню себя в 16 лет — *любая* сумма была бы кстати.
- Мы могли бы выделять на эту цель ежемесячно какие-то деньги. Сейчас это 200 долларов, а там посмотрим.

То есть сейчас вполне реально выделять по 200 долларов в месяц на какое-то будущее образование Леры. Уже неплохо, осталось решить, куда их вкладывать. Времени еще много, сложный процент успеет себя проявить в лучшем свете, и деньги как следует поработают.

Как вариант, можно выбрать один из готовых базовых инвестиционных портфелей (помните «лежебоку»): покупать фонды акций/облигаций/золота и раз в год делать балансировку. Вполне.

А можно добавить риска (раз уж все равно конкретная сумма не обозначена) и инвестировать все в фонды акций. Да, и хорошо бы подключить валюту, на рубль в десятилетней перспективе полагаться не стоит.

Итак, решение: ежемесячно инвестировать 200 долларов в индексный фонд, который составлен из акций компаний S&P 500. За 10 лет при средней доходности 10% это будет «приблизительно» 40 тысяч долларов.

В книге «Миллион для моей дочери»[22] Владимир Савенок рассказывает как раз о такой стратегии: вместо очередной Барби он покупает для дочери акции американского фонда и делает так уже 12 лет.

Кроме очевидной простоты, в таком подходе хорошо то, что мы не берем на себя неподъемных обязательств, не стараемся *из последних сил*. Если дочь вообще не захочет учиться, мы не станем возмущаться: «Всю жизнь себе во всем отказывали ради твоего образования, а ты!..» Наша задача — обеспечить дочери поддержку, которая нам по силам и в радость.

Такой подход отлично работает для целей, которые не вполне определены, да еще и носят долгосрочный характер.

Две-три подобные задачи — и вот вам жизнеспособный финансовый план. Несколько пунктов, посильный размер вложений и доля оптимизма. А фокус переместим с планирования на действия — просто делайте «все возможное в разумных пределах».

Классический подход

Есть и стандартный подход к планированию целей. Он вполне рабочий и больше подходит для конкретных целей, когда известны сумма и срок — сколько потребуется денег и когда.

Отпуск на Майорке следующим летом, новенький MINI Cooper через год, первый взнос на «двушку» в Ясеневе или второе высшее по психологии. Если срок небольшой и сумма понятна, можно использовать такой алгоритм.

Шаг 1. Определить срок и стоимость цели	Обычно чем меньше срок, тем больше определенности
Шаг 2. Пересчитать стоимость цели с учетом инфляции	Жизнь дорожает, и цель подорожает тоже, поэтому прикинем ее будущую стоимость

Шаг 3. Выбрать подходящий инструмент для вложения денег	Когда можно рискнуть и выбрать для вложения акции: • если срок достаточно большой, от 3–5 лет; • если вложение — небольшая часть ваших денег. И наоборот, если терять вы не готовы и задача скорее состоит в том, чтобы сохранить, — выбираем консервативные, надежные инструменты: депозит, облигации, металлы
Шаг 4. Рассчитать ежемесячный взнос в онлайн-калькуляторе	Если взнос оказался слишком большим — калибруем цель: можно сократить сумму, увеличить срок, вообще отказаться от реализации задуманного. Майорку заменим на Анапу, MINI Cooper на Kia и года через два, а учебу на психолога вообще вычеркнем, обойдемся пока книгами. Продолжать, пока ежемесячный взнос не станет приемлемым
Шаг 5. Действовать по плану	Запланировать ежемесячные взносы и по возможности автоматизировать их

Пример

Наша цель — обновить машину через три года.

Шаг 1. Определить срок и требуемую сумму	700 тысяч на обновление автомобиля через три года
Шаг 2. Учесть инфляцию	Заложим 5% на ежегодное подорожание. Если сейчас на покупку нового авто требуется 700 тысяч, то через три года, с учетом 5%-ной инфляции, понадобится уже 810 тысяч

Шаг 3. Подобрать подходящие инструменты	Рисковые инвестиционные стратегии не выбираем, так как три года — слишком небольшой срок. Не стоит покупать акции и криптовалюту. Банковский вклад, краткосрочные облигации, может, немного фондов — вот подходящий вам арсенал
Шаг 4. Рассчитать ежемесячный взнос	Мы не просто делим 810 тысяч на 36 месяцев, а учитываем доходность банковского вклада — так сумма накопится быстрее. При доходности 7% ежемесячный взнос составит 20 351 рубль. Через три года я получу заветную сумму, причем 90 тысяч набегут процентами. Приятно!
Шаг 5. Действовать по плану	Открываю пополняемый вклад и настраиваю автоматические отчисления в банке

Обратите внимание, что даже в таком краткосрочном расчете много неизвестных. Мы не знаем:

- какая будет инфляция;
- как изменятся ставки по вкладам;
- что будет с курсом доллара;
- сколько будет стоить новая машина;
- вообще понадобится ли машина.

Пусть неизвестность не смущает, в любом случае 810 тысяч лучше, чем ничего. А если опасаетесь изменения курса, часть откладывайте в валюте. Этот алгоритм легко применить для любой подобной цели.

ПРИМЕРЫ

Давайте посмотрим, как, используя эти два подхода, составить свой личный план на ближайшее время. Здесь будут таблицы, но небольшие.

Сценарий «Вся жизнь впереди»

Алиса, 20 лет, работает графическим дизайнером в рекламном агентстве

У Алисы есть небольшой остаток долга по кредиту (брала ноутбук), нет никакой «подушки безопасности» и особых целей тоже нет.

Раз в год Алиса ездит в отпуск, примерно на 60 тысяч рублей.

Алиса уже ведет расходы какое-то время и знает, сколько денег уходит ежемесячно (а вы тоже знаете?).

Вот так выглядит бюджет Алисы.

Доходы Алисы	
Заработная плата	70 тысяч рублей
Удаленные проекты	20 тысяч рублей
Итого доходов в месяц	**90 тысяч рублей**

Расходы Алисы	
Платеж по кредиту	10 тысяч рублей
Расходы на жизнь	55 тысяч рублей
Сбережения на отпуск	5 тысяч рублей
Итого расходов в месяц	**70 тысяч рублей**

Свободные деньги **20 тысяч рублей**

Как видим, у Алисы остается порядка 20 тысяч, которые, если не спустить в магазине, можно потратить на что-то полезное. По сути, все бюджетирование — это вопрос, что вы будете делать со свободными деньгами.

- Хорошо бы погасить кредит досрочно. Даже небольшой досрочный платеж в пару тысяч позволит сократить время кредита и объем процентов. Пусть будет 3 тысячи рублей в месяц.
- У Алисы нет «подушки безопасности», а она нужна совершенно точно. Исходя из ежемесячных расходов (55 тысяч), Алиса прикинула, что 150 тысяч в запасе ей хватит. Она всегда может найти подработку, да и родители поддержат, если что. «Подушку» хотелось бы иметь уже через год, для этого Алиса будет вносить по 12 тысяч ежемесячно на пополняемый вклад. Это как раз расчет достижения конкретной цели — есть сумма, и есть срок.
- Остается 5 тысяч. Типичный пример ситуации «деньги вроде остаются, а что с ними делать, не знаю». В этом случае нарекаем цель красивым словом «капитал» и начинаем понемногу инвестировать. Вы же помните, для эффективных инвестиций не так важна сумма, как срок. Времени у Алисы полно, ей всего 20. Девушка будет эти деньги вкладывать пополам в фонды акций и облигаций. Чтобы не терять на комиссиях, сделки можно совершать раз в квартал.

Вот так будет выглядеть бюджет.

Доходы Алисы	
Заработная плата	70 тысяч рублей
Удаленные проекты	20 тысяч рублей
Итого доходов в месяц	**90 тысяч рублей**

Расходы Алисы	
Платеж по кредиту + досрочный платеж	13 тысяч рублей
Расходы на жизнь	55 тысяч рублей
Сбережения на отпуск	5 тысяч рублей
«Подушка безопасности»	12 тысяч рублей
Инвестиции	5 тысяч рублей
Итого расходов в месяц	**90 тысяч рублей**
Свободные деньги	**Все спланировано**

По такому плану Алиса живет год, пока не выплатит кредит и не накопит «подушку безопасности». Потом освободившиеся деньги можно будет использовать на отпуск и на инвестиции.

Вот так будет выглядеть ее бюджет через год.

Доходы Алисы	
Заработная плата	70 тысяч рублей
Удаленные проекты	20 тысяч рублей
Итого доходов в месяц	**90 тысяч рублей**

Расходы Алисы	
Платеж по кредиту + досрочный платеж	Все выплачено
Расходы на жизнь	55 тысяч рублей
Сбережения на отпуск — увеличенные	10 тысяч рублей
«Подушка безопасности»	Уже сформирована
Инвестиции	25 тысяч рублей
Итого расходов в месяц	**90 тысяч рублей**
Свободные деньги	**Все спланировано**

Такими темпами через 10 лет капитал составит уже **4,5 миллиона** (рассчитано при 8% годовой доходности). Алиса пока не знает, как поступит с этим капиталом: может, это станет первым взносом на ипотеку, может, будет откладывать на старость. Это не так важно, главное, она не упускает время и делает две важные вещи: формирует капитал и формирует финансовые привычки. За будущее Алисы можно не переживать.

Да, мы не учитываем ни инфляцию, ни вероятный рост доходов, не пытаемся заглянуть в будущее. Действуем сейчас, в данной ситуации. Изменится ситуация — изменится и план. Как видите, это несложно.

Примерно такой простой план вы можете прикинуть и для себя. И он будет вашим ориентиром: ***devushkasdengami.ru/book/finplan.***

Сценарий «Семейная жизнь»

Елена, 35 лет, муж Вадим и двое детей школьников

У них уже есть «подушка безопасности». Ипотеку они выплачивают по графику, а на досрочное погашение пускают часть годовых бонусов.

Из целей — образование детей через 5 лет и спокойная старость — до нее еще лет 30.

Вот как сейчас выглядит их бюджет.

Доходы семьи	
Заработная плата Елены	90 тысяч рублей
Заработная плата Вадима	200 тысяч рублей
Итого доходов в месяц	**290 тысяч рублей**

Расходы семьи	
Расходы на жизнь	150 тысяч рублей
«Конверт» на крупные и спонтанные покупки	30 тысяч рублей
Ипотека	37 тысяч рублей
Итого расходов в месяц	**217 тысяч рублей**

Свободные деньги **73 тысячи рублей**

Обратите внимание: Елена и Вадим завели отдельный счет (конверт) для спонтанных крупных покупок — это и шопинг, и небольшая поездка, и техника, если понадобится. Из этого же фонда они покупают подарки. Удобно и не надо трогать запас.

Свободными остаются 73 тысячи. Как им распорядиться?

Деньги для детей понадобятся быстрее, чем на пенсию, поэтому на детей выделяется бóльшая часть бюджета. Этими деньгами рисковать не хочется, да и срок небольшой, поэтому вкладывать можно в облигации — надежно и просто. Инвестируя по 50 тысяч ежемесячно, за 5 лет они накопят почти 3,7 миллиона.

Деньги для пенсии более «долгие», их можно вложить в акции — пополам российские и зарубежные. Времени еще достаточно, если откладывать по 20 тысяч ежемесячно, через 30 лет будет 45 миллионов.

И вот какой бюджет у них будет на ближайшие несколько лет, пока не закроется ипотека.

Доходы семьи	
Заработная плата Елены	90 тысяч рублей
Заработная плата Вадима	200 тысяч рублей
Итого доходов в месяц	**290 тысяч рублей**

Расходы семьи	
Расходы на жизнь	150 тысяч рублей
«Конверт» на крупные и спонтанные покупки	30 тысяч рублей
Ипотека	37 тысяч рублей
Дети	50 тысяч рублей
Пенсия	20 тысяч рублей
Итого расходов в месяц	**287 тысяч рублей**

Свободные деньги **3 тысячи рублей**

Внимательный читатель заметил, что 3 тысячи остались не у дел. Что ж, Елена и Вадим решили их не учитывать, пусть остаются на мелкие расходы.

После выплаты ипотеки ситуация станет еще лучше, а там и дети вырастут — все свободные деньги можно будет направлять на инвестиции.

Доходы семьи	
Заработная плата Елены	90 тысяч рублей
Заработная плата Вадима	200 тысяч рублей
Итого доходов в месяц	**290 тысяч рублей**

Расходы семьи	
Расходы на жизнь	150 тысяч рублей
«Конверт» на крупные и спонтанные покупки	30 тысяч рублей
Ипотека	—
Дети	—
Пенсия	110 тысяч рублей
Итого расходов в месяц	**290 тысяч рублей**
Свободные деньги	**Все спланировано**

Сценарий «Не потерять»

Александра, 62 года

Александра работает, неплохо зарабатывает, у нее есть своя квартира, взрослые дети и 1 миллион рублей сбережений. Собирается инвестировать еще по 100 тысяч рублей в месяц в течение трех лет, а потом уйти на покой и выращивать пионы на даче.

Цель: обеспечить себе пассивный доход на пенсии — около 50 тысяч рублей в месяц. Есть конкретная цель и срок, давайте применим классический алгоритм.

Шаг 1. Определить срок и стоимость цели	50 тысяч в месяц (или 600 тысяч в год) может приносить капитал примерно 7,5 миллиона, вложенный под 8%
Шаг 2. Пересчитать стоимость цели с учетом инфляции	С учетом инфляции (возьмем 5% в год) хорошо бы иметь 8 миллионов. И 1 миллион уже есть
Шаг 3. Выбрать подходящий инструмент для вложения денег	Пенсия уже через три года, поэтому не хотелось бы рисковать ни уже готовым миллионом, ни будущими накоплениями. Наш выбор — облигации

Шаг 4. Рассчитать ежемесячный взнос в онлайн-калькуляторе	С доходностью 8% годовых надо откладывать порядка 170 тысяч в месяц. А возможность — только 100 тысяч. Увеличить срок инвестиций не получится, работать до 70 лет Александра не планирует. Выбирать более рисковые бумаги тоже не хочется — к потерям Александра не готова. Теперь, глядя на факты, она понимает, что 8 миллионов никак не выходит. Что ж, будем работать с тем, что есть. 100 тысяч в месяц, вложенные под 8%, через 3 года дадут капитал 4 миллиона. Да еще имеющийся миллион увеличится до 1 259 000 руб. Приятно!
Шаг 5. Действовать по плану	Открыть брокерский счет, построить шаблон перевода, наладить регулярную покупку облигаций

Александра не получит то, чего ей хотелось бы. «Как жаль, что я не начала думать об этом раньше», — призналась мне одна женщина в похожей ситуации. Остается только «откладывать по максимуму в разумных пределах».

Я понимаю, эти примеры достаточно условные, но логику и алгоритм действий они демонстрируют хорошо. Попробуйте и вы составить свой план!

ИНВЕСТИЦИИ НА АВТОМАТЕ

Впервые сев за руль, я выехала на работу на два часа раньше обычного. Во-первых, рано утром на дорогах нет машин, во-вторых, я хотела иметь запас времени. Помню, что приехала с мокрой от пота спиной. И весь день думала только о том, что вечером предстоит снова сесть за руль и добраться до дома. Новый вид деятельности давался нелегко. Если кто-то говорил: «Да я даже в магазин ходить ленюсь, проще на машине доехать» — я не могла представить, что и мне когда-то будет проще сесть за руль, чем пройти 20 минут пешком. Сейчас я по-прежнему хожу в магазин пешком, но только по той причине, что люблю прогуляться. За рулем я себя чувствую уютно и спокойно. Бывало, доехав до работы, я не могла вспомнить, как это получилось. Пока я думала о чем-то своем, мозг и тело сами везли меня в офис. Нейронные связи, отвечающие за вождение, позволяют действовать на автомате, не загружая мозг и не отвлекая.

В ситуации с финансами мозг работает точно так же: предпочитает «как привыкли» и сопротивляется изменениям. Мы любим действовать по привычным схемам, для которых в мозгу уже проложены готовые нейронные связи. А все новое кажется сложным, нервным, непривычным.

Почему так важно не просто поставить цель, а продумать простой и удобный алгоритм ее выполнения? Потому что, если у вас нет плана инвестиций, свободные деньги очень быстро утекут в их любимом направлении «сама не знаю куда». Если вы всю жизнь тратили не задумываясь, в день зарплаты мозг по привычке приведет вас в торговый центр или на сайт онлайн-магазина. Чтобы переключить денежные потоки на «инвестиции», «сбережения» и «пенсию», потребуется время и сознательные усилия.

Привычку откладывать и инвестировать придется буквально прокладывать среди клеток мозга. Сначала уйдет день, чтобы, сомневаясь и боясь, купить облигации, ETF или валюту. Второй раз — справитесь за час. А потом будете делать это в обеденный перерыв, пока ждете свой кофе. Как и с любым другим навыком, инвестиции — только дело привычки!

ЗАКЛЮЧЕНИЕ

Ну вот, теперь вы знаете достаточно, чтобы начать действовать самостоятельно, взять управление деньгами в свои руки, жить сейчас и не забывать о будущем.

Надеюсь, книга поможет вам решиться, а результаты не заставят себя ждать. Каждый день я получаю отзывы от подписчиков и я не вижу ни одной причины, почему бы и вам не начать.

«Спустя полгода я закрыла кредит, который висел шесть лет (!), в течение которых у меня всегда была возможность его закрыть. Впервые в жизни (а мне через неделю 30 лет) я начала откладывать! Уже заработала 4 тысячи на вкладе и около 2 тысяч кешбэка. Выбрала брокера и планирую открыть брокерский счет».

«Вы мне словно глаза открыли – я вдруг увидела, как много мне дано и как неправильно я этим пользуюсь. И несмотря на мою приличную зарплату, которую я получаю с 23 лет, я была в минусе».

«Я раньше не задумывалась над контролем своих средств, были и кредиты, и кредитки, но меня это особо не напрягало. А теперь начала контролировать свои финансы! Конечно, еще предстоит сделать много шагов, но система уже запущена! Я закрыла одну из двух кредиток, и наконец-то у меня появились деньги, которые я откладываю!»

«Пока у меня сделаны крошечные шажочки, но самое главное – наконец-то я почувствовала себя взрослой, когда смогла сама себе сказать: «Хватит тратить в бездну!»

«Уже разбираюсь во всех терминах, и стало, конечно же, интересно! Теперь хочу все знать и следить за новостями. Открыла брокерский счет (уже не страшно, так как многое изучила, стало понятно), и понеслась! Деньги должны работать!»

«У меня уже появился брокерский счет, только теперь с ним нужно разобраться. А пока я заставила маму погасить кредитную карту!»

«Я взялась за голову и за четыре месяца накопила и вложила 90 тысяч. Пока хаотично: валюта, золото и акции. Мне нравится. Стала разумнее покупать, и главное, как оказалось, денег хватает на все!»

Присоединяйтесь и вы! Пусть будет больше Девушек с Деньгами!

Буду рада вашим отзывам и комментариям. Пишите мне на hello@devushkasdengami.ru.

ПРИЛОЖЕНИЯ

Здесь собраны полезные советы, ссылки и материалы — все, чтобы вы не раздумали и продолжили прокладывать дорогу в свое прекрасное будущее.

Челлендж финансовой осознанности

Этот Челлендж финансовой осознанности мы готовили для проекта 365done.ru. Пройдите его, чтобы закрепить знания, полученные из этой книги.

Сделайте прямо сейчас

- Установите приложение для ведения бюджета.
- Составьте список покупок перед походом за продуктами.
- Удалите лишние платные подписки из iPhone.
- Настройте автоматическую копилку и перечисляйте 5% с любой покупки на сберегательный счет.

Финансовый чек-ап

- Посчитайте свою чистую стоимость: насколько вы финансово устойчивы? Формула для расчета: «Чистая стоимость = стоимость вашего имущества + все ваши деньги – долги».
- Подумайте, что случится, если завтра вас сократят.
- Посчитайте, сколько вы тратите на кофе в неделю. Умножьте на 52 недели.

Мотивация и перезагрузка

- Посчитайте, сколько денег вы заработали за последние 5 лет. Ну и где они все?
- Продолжите фразу «Я не богата, потому что…»
- Спросите себя: «Почему я так мало откладываю? Чего я надеюсь достичь?»
- Прочитайте книгу Роберта Кийосаки «Богатый папа — бедный папа».
- Придумайте три способа поднять себе настроение без шопинга.
- Достаньте из шкафа вещи, которые не носите. Посчитайте, сколько они стоили. Запишите эту цифру и просматривайте каждый раз перед шопингом.
- Настройте автоматический платеж в благотворительную организацию.
- Устройте месяц шопинг-детокса — никаких покупок, кроме самых необходимых.

Бюджет

- В течение недели записывайте расходы, без которых можно было обойтись.
- Спланируйте бюджет на неделю и постарайтесь его придерживаться.
- Прикиньте бюджет на следующий отпуск, разделите сумму на количество оставшихся до отпуска недель и начните откладывать уже сегодня (настройте автоматическое перечисление в банке).
- Прочитайте книгу Карла Ричардса «Давай поговорим о твоих доходах и расходах».

- Откажитесь от очередной покупки и сделайте досрочный платеж по кредиту.

План Б

- Подумайте о пенсии. Считается, что на пенсии достаточно 70% текущего дохода. Придумайте три варианта, откуда бы вы хотели получать эти деньги.
- Посчитайте на онлайн-калькуляторе, какой капитал вы получите через 30 лет, если будете откладывать 5 тысяч в месяц под 7%.
- Откройте валютный вклад и пополняйте его каждый месяц на 100 долларов.
- Придумайте три источника дополнительного дохода.

Учиться, учиться, учиться

- Зайдите на https://www.kommersant.ru в раздел «Финансы». Прочитайте любую статью. Выясните значение всех незнакомых терминов.
- Посмотрите фильм «Игра на понижение» и объясните наконец родителям или друзьям, из-за чего произошел кризис 2008 года.
- Поговорите о деньгах с друзьями и коллегами. Нет, не о зарплате. Поинтересуйтесь, как они ведут бюджет, во что инвестируют.
- Зайдите на сайт своего банка в раздел «Вклады», изучите предложения. Узнайте значение всех незнакомых терминов.
- Пройдите онлайн-курс по повышению финансовой грамотности.

Меняем лексикон

«Вначале было слово». Начинаем менять наш лексикон: теперь мы будем использовать эффективные слова, а за ними подтянутся эффективные мысли и шаги!

- Не «копить», а наращивать капитал.
- Не «избегать риска», а держать риск под контролем.
- Не «сбережения», а инвестиции.
- Не «копить деньги», а делать деньги.
- Не «доходы/расходы», а денежный поток.
- Не «экономить», а «управлять» расходами.

В общем, давайте наращивать капитал, а не ресницы!

Три простых шага для погружения в мир финансов

1. Читайте о деньгах

Каждый день читайте финансовые новости. Все равно какие. Просто откройте «КоммерсантЪ», «Ведомости» или РБК и просмотрите ленту финансовых новостей. Пусть пока ничего непонятно, но глаз зацепится за что-то, и процесс пойдет.

2. Говорите о деньгах

Каждый день говорите о деньгах. Обсудите с подругами ведение бюджета или лайфхаки удачного шопинга. Поговорите с коллегами, с родителями, с мужем, что они вообще об этом думают, какие примеры вложений денег знают или рассматривали. У моей подруги мама — финансист, но они никогда не говорили о деньгах, а ведь наверняка от мамы можно было узнать что-то полезное.

Муж другой подруги, оказывается, занимается западными пенсионными программами, и это тоже выяснилось случайно.

3. Изучайте деньги

Сейчас множество бесплатных образовательных программ. Лекции проводит Центробанк, Министерство финансов, брокеры, биржа и т. д. Сам факт, что вы куда-то приехали повышать финансовую грамотность, сдвинет сознание с мертвой точки. Проверено.

Эти сайты, проекты и книги пригодятся вам для дальнейшего погружения в финансовую тему, которая, я очень надеюсь, вас заинтересовала.

Сайты

- www.cbr.ru — сайт Центрального Банка России.
- www.moex.ru — сайт Московской биржи.
- www.banki.ru, www.sravni.ru — подбор вклада, карты, кредита + новости.
- www.nalog.ru — сайт налоговой службы — информация по вычетам.
- www.verni-nalog.ru — информация по вычетам + помощь в получении.
- ru.investing.com/ — котировки акций, финансовая информация о компаниях.
- www.dohod.ru — дивидендный календарь российских компаний, финансовые новости и аналитика.
- www.rusbonds.ru — полная информация об облигациях.
- www.smart-lab.ru — удобный подбор облигаций.
- www.conomy.ru — статистика по компаниям и акциям.

Книги

- «Давай поговорим о твоих доходах и расходах», Карл Ричардс.
- «Психология инвестирования», Карл Ричардс.
- «Бедный папа, богатый папа», Роберт Кийосаки (и любая другая книга Кийосаки).
- «Путь к финансовой свободе», Бодо Шефер.
- «Пес по имена Мани», Бодо Шефер (это книга о деньгах для детей, если актуально).
- «Сам себе финансист», Анастасия Тарасова.
- «Разумный инвестор», Бенджамин Грэм. Книге уже 80 лет, а она все еще актуальна. Для тех, кто хочет именно инвестировать, а не спекулировать. Книга непростая и очень объемная, для тех, кто решил изучить тему всерьез.
- «Руководство разумного инвестора», Джон Богл — об инвестициях в наши любимые ETF. Для тех, кто не готов разбираться с каждой отдельной компанией при покупке, а хочет инвестировать через фонды.
- «Эссе об инвестициях, корпоративных финансах и управлении компаниями», письма Уоррена Баффетта к акционерам Berkshire Hathaway, написанные в течение последних десятилетий.

ИСТОЧНИКИ

1. Франкел Л. Почему хорошие девочки не становятся богатыми. — М.: Вильямс, 2007.
2. https://www.billboard.com/articles/news/268276/michael-jackson-died-deeply-in-debt.
3. https://www.thesun.co.uk/archives/news/369700/100million-diva-whitney-houston-blew-fortune-on-crack/.
4. https://weekend.rambler.ru/people/41831804-kakie-dolgi-ostavil-pushkin-posle-smerti/.
5. Шефер Б. Путь к финансовой свободе. — Минск: Попурри, 2006.
6. https://www.youtube.com/channel/UCVA5heoUfs5yohiil9PJhRw.
7. https://rg.ru/2019/05/16/rossiiane-nazvali-razmer-dohoda-dlia-normalnoj-zhizni.html.
8. https://fom.ru/Ekonomika/14110.
9. https://www.youtube.com/watch?v=XkvbKk81NMQ.
10. Кондо М. Магическая уборка. — М.: Эксмо, 2017.
11. Лоро Д. Искусство жить просто. — М.: Альпина Паблишер, 2018.
12. Беккер Д. Меньше значит больше — М.: Эксмо, 2018.
13. https://www.wonderzine.com/wonderzine/beauty/beauty-trends/242159-skin-fasting.
14. Беннет А. Как прожить на двадцать четыре часа в день.
15. Клейсон. Самый богатый человек в Вавилоне — Минск: Попурри, 2018.
16. www.finex-etf.ru.
17. Грэм Б. Разумный инвестор. — М.: Альпина Паблишер, 2019.
18. https://www.rbc.ru/economics/22/03/2019/5c94bb4e9a7947e551658c67.
19. https://papers.ssrn.com/sol3/papers.cfm?abstract_id=3291456.
20. Бернстайн У. Разумное распределение активов. Как построить свой портфель с максимальной доходностью и минимальным риском. — М.: Манн, Иванов и Фербер, 2012.
21. Ричардс К. Давай поговорим о твоих доходах и расходах. — М.: Эксмо, 2017.
22. Савенок В. Миллион для моей дочери. — М.: Манн, Иванов и Фербер, 2014.

Веселко Анастасия

ДЕВУШКА С ДЕНЬГАМИ

Книга о финансах и здравом смысле

Главный редактор *С. Турко*
Руководитель проекта *А. Василенко*
Корректоры *О. Улантикова, Е. Аксёнова*
Компьютерная верстка *А. Абрамов*
Художественное оформление и макет *Ю. Буга*

Подписано в печать 07.07.2020. Формат 70×90 1/16.
Бумага офсетная № 1. Печать офсетная.
Объем 13,0 печ. л. Тираж 7000 экз. Заказ № ВЗК-04288-20.

ООО «Альпина Паблишер»
123060, Москва, а/я 28
Тел. +7 (495) 980-53-54
www.alpina.ru
e-mail: info@alpina.ru

Знак информационной продукции
(Федеральный закон № 436-ФЗ от 29.12.2010 г.) 12+

Отпечатано в АО «Первая Образцовая типография»,
филиал «Дом печати — ВЯТКА».
610033, Киров, ул. Московская, 122

ДЛЯ ЗАМЕТОК

ДЛЯ ЗАМЕТОК

ДЛЯ ЗАМЕТОК

ДЛЯ ЗАМЕТОК

ДЛЯ ЗАМЕТОК

ДЛЯ ЗАМЕТОК